SAINT
FRANÇOIS DE SALES

DOCTEUR DE L'ÉGLISE

PAR

LE R. P. GABRIEL DESJARDINS

DE LA COMPAGNIE DE JÉSUS

LIBRAIRIE JACQUES LECOFFRE

LECOFFRE FILS ET Cⁱᵉ, SUCCESSEURS

PARIS | LYON
RUE BONAPARTE, 90 | RUE BELLECOUR, 2

1877

L 27 n
30206

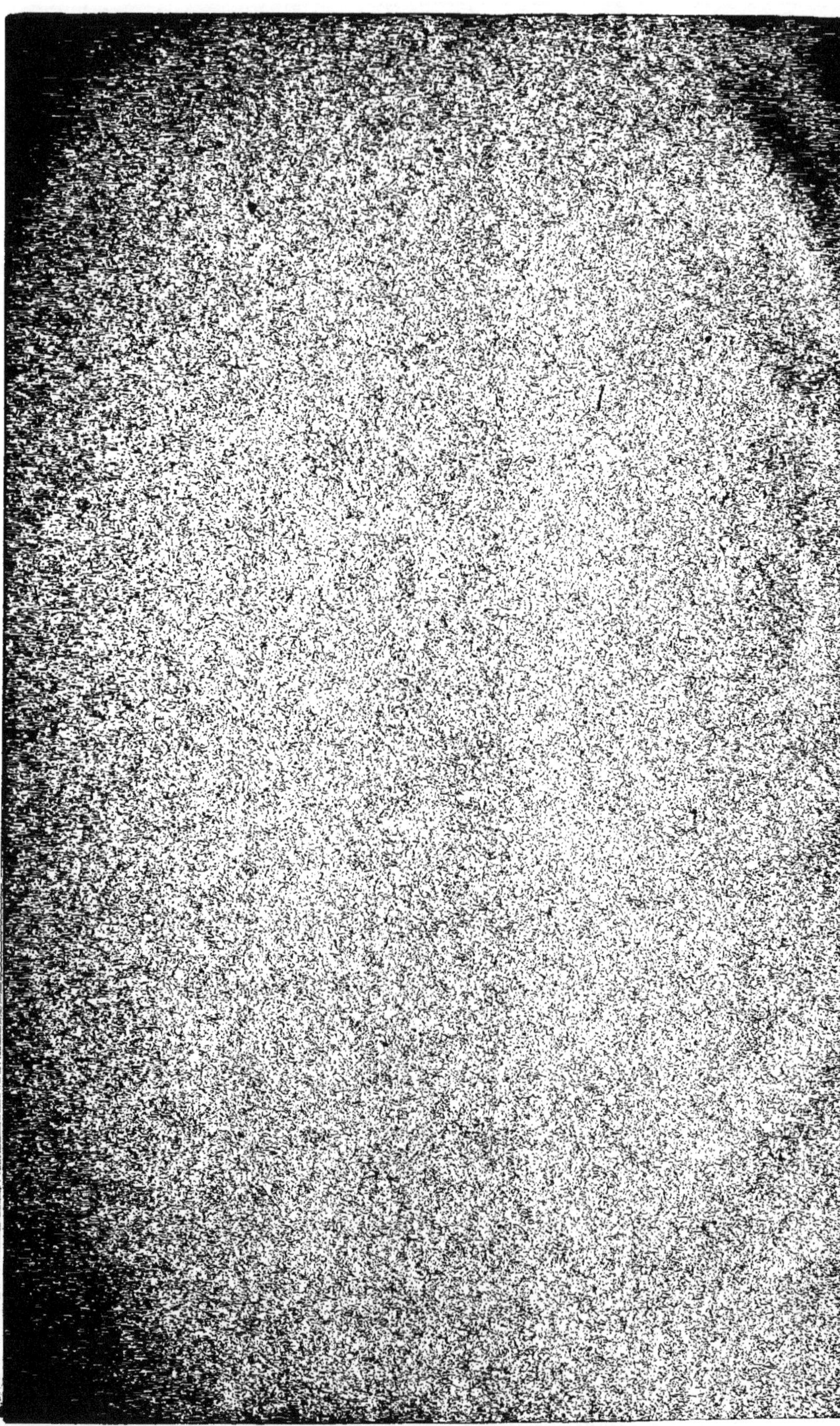

SAINT

FRANÇOIS DE SALES

DOCTEUR DE L'ÉGLISE

2γ
I Ln
30305

LYON. — IMPRIMERIE PITRAT AÎNÉ, RUE GENTIL, 4.

SAINT

FRANÇOIS DE SALES

DOCTEUR DE L'ÉGLISE

PAR

LE R. P. GABRIEL DESJARDINS

DE LA COMPAGNIE DE JÉSUS

BIBLIOTHÈQUE NATIONALE R. F. IMPRIMÉS.

DÉPÔT LÉGAL
Rhône
n° 760
1877

LIBRAIRIE JACQUES LECOFFRE

LECOFFRE FILS ET Cⁱᵉ, SUCCESSEURS

PARIS   **LYON**
RUE BONAPARTE, 90   RUE BELLECOUR, 2

1877

PROCLAMATION

DE SAINT FRANÇOIS DE SALES

COMME DOCTEUR DE L'ÉGLISE

DÉCRET *URBIS ET ORBIS*

De quel honneur pour l'Église et de quelle utilité pour tout le peuple des fidèles devait être saint François de Sales, non-seulement par son zéle apostolique, par l'exemple de ses vertus et l'exquise douceur de ses mœurs, mais encore par sa science et par ses écrits pleins de la céleste doctrine, le pape Clément VIII, de sainte mémoire, sembla le prédire. Ayant, en effet, été témoin des preuves de doctrine données devant le Pontife lui-même par François de Sales à l'occasion de sa promotion à l'épiscopat, il le félicita en lui appliquant ces paroles des Proverbes ; *Va, mon fils, et bois l'eau de ta citerne et le flot de ton puits, fais déborder au dehors tes fontaines et distribue aux places publiques les eaux qui t'appartiennent.*

Et assurément le Seigneur avait donné à François de Sales l'intelligence de sa parole. Jésus-Christ, en effet, pour attirer les hommes à la pratique des préceptes évangéliques, avait dit : *Mon joug est doux et mon fardeau léger.* Saint François, appropriant en quelque sorte la divine sentence à la pratique des hommes, à l'aide de cette charité et de cette abondance de science dont il était riche, indiqua de telle sorte, dans un grand nombre de traités différents, la route de la perfection chrétienne et les moyens de la suivre, qu'il la montra facile et accessible à tous les fidèles, dans quelque condition qu'ils aient à vivre. Ces traités, écrits dans un style suave et avec toute la douceur de la charité, ont produit les fruits de piété les plus abondants dans toute la société chrétienne, et spécialement Philothée et les Lettres spirituelles, et ce remarquable, cet incomparable Traité de l'amour de Dieu, livres qui sont dans toutes les mains au grand profit des lecteurs.

Ce n'est pas seulement dans la théologie mystique que brille l'admirable doctrine de François de Sales, mais encore dans l'explication juste et claire de beaucoup de passages obscurs de la Sainte Écriture. Ce qu'il a fait soit dans son commentaire du Cantique de Salomon, soit çà et là, selon les besoins de la circonstance, dans ses allocutions et dans ses discours, qui lui méritèrent aussi l'éloge d'avoir rappelé l'éloquence sacrée, dont la dignité était déchue par la faute des temps, à son antique splendeur et à l'imitation des Saints Pères.

Les nombreuses homélies du saint évêque de Genève, ses Traités, ses Dissertations, ses Lettres, témoignent de l'excellence de sa doctrine dans les matières dogmatiques, et de son invincible supériorité dans l'art de la polémique, principalement pour la réfutation des erreurs des calvinistes, ce qui ressort, avec une évidence surabondante, du grand nombre d'hérétiques qu'il a ramenés par ses écrits et par sa parole dans le sein de l'Église catholique. Assurément, dans les Conclusions ou Livres de Controverses écrits par le saint évêque, brillent avec un éclat incontestable une science admirable de la théologie, une méthode excellente, une force irrésistible d'arguments soit dans la réfutation des hérésies, soit dans la démonstration de la vérité catholique, et principalement lorsqu'il établit l'autorité du Pontife romain, sa primauté de juridiction et son infaillibilité, vérités qu'il a soutenues avec tant de science et de clarté qu'il semble vraiment avoir préludé aux définitions du Concile même du Vatican.

Aussi arriva-t-il que les vénérés Prélats et les Éminentissimes Pères qui émirent leurs suffrages dans la réunion consistoriale tenue pour la canonisation du saint évêque, ne glorifièrent pas seulement par de nombreux éloges la sainteté de sa vie, mais plus encore l'excellence de sa doctrine, appelant François de Sales le vrai sel de l'Évangile, donné pour saler la terre et la purger de la corruption calviniste, le soleil du monde qui a illuminé de la splendeur de la vérité ceux qui étaient couchés dans la nuit des hérésies et lui appliquèrent cet oracle : « Celui qui aura de la sorte enseigné les hommes sera appelé grand dans le royaume des cieux. » Bien plus, le Souverain Pontife lui-même, Alexandre VII, de sainte mémoire, ne craignit pas de proclamer François de Sales un homme célèbre par la doctrine, un remède et un préservatif donné à notre temps contre les hérésies, et il déclara qu'il fallait remercier Dieu « d'avoir accordé à l'Église un nouvel intercesseur pour l'accroissement de la foi catholique, l'illumination et la conversion des hérétiques et des égarés, lequel, marchant sur la trace des Saints Pères, a puissamment contribué à maintenir l'intégrité de la religion catholique, ici en informant les mœurs, là en renversant les dogmes des sectaires, ailleurs en ramenant au bercail les brebis perdues. » Le même Souverain Pontife confirma admirablement ce qu'il avait dit, dans son allocution consistoriale, de l'excellence de doctrine de François de Sales, en écrivant cette parole aux Religieuses de la Visitation d'Annecy : « *La lumière salutaire dont l'éminente vertu et la sagesse du divin François de Sales ont inondé tout le monde chrétien.* »

Partageant le sentiment de ce grand pontife, son successeur Clément IX approuva l'Antienne suivante, pour être récitée par les religieuses en l'honneur de François de Sales : *Le Seigneur a rempli saint François de l'Esprit d'intelligence, et il a, lui, versé les flots de la doctrine au peuple de Dieu.* A ce jugement des Souverains Pontifes a souscrit aussi Benoît XIV, qui souvent appuya les réponses et les solutions qu'il donnait à des questions difficiles sur l'autorité du saint évêque de Genève, et l'appela trèssage dans sa Constitution *Pastoralis curæ.* Cette parole de l'Ecclésiastique s'est donc vérifiée en saint François de Sales : « Beaucoup loueront sa sagesse, et il ne disparaîtra jamais ; sa mémoire ne s'effacera pas, et son nom sera répété de génération en génération ; les peuples raconteront sa sagesse et l'Église célèbrera sa louange. »

C'est pourquoi les Pères du Concile du Vatican, par des supplications et des vœux empressés, sollicitèrent en commun du Souverain Pontife Pie IX qu'il honorât du titre de Docteur saint François de Sales. Ces vœux furent ensuite répétés par d'Éminentissimes

cardinaux de la sainte Église romaine et par un grand nombre
d'évêques du monde entier, par divers Chapitres de chanoines, par
des docteurs des grandes écoles, par des académies; et, à tout cela,
vinrent unir leurs instantes prières des princes augustes, de nobles
seigneurs et une immense multitude de fidèles.

Sa Sainteté, accueillant avec bienveillance de si nombreuses et
de si hautes demandes, confia, selon l'usage, à la Sacrée-Congrégation des Rites l'examen de cette grave affaire. En conséquence,
dans la réunion ordinaire tenue au jour sous-indiqué dans le palais
du Vatican, les Éminentissimes et Révérendissimes cardinaux pré-
posés à la garde des sacrés rites, après avoir entendu le rapport de
l'É^me et R^me cardinal Louis Bilio, évêque de Sabine, Préfet de la
même Sacrée-Congrégation et Ponent de la cause, et mûrement
pesé les objections du R. P. Laurent Salvati, Promoteur de la foi, et
les réponses du Défenseur de la cause, après une discussion approfondie, ont jugé, à l'unanimité, devoir répondre : « Qu'il soit re-
couru au Saint-Père pour la concession, la déclaration et l'exten-
sion à toute l'Église du titre de Docteur en l'honneur de saint
François de Sales, avec Office et messe du commun des Docteurs-
Pontifes, en conservant l'Oraison propre et les Leçons du second
Nocturne. » 7 juillet 1877.

Une relation fidèle de tout cela ayant été faite à notre Très-
Saint-Père Pie IX par le secrétaire soussigné de la Sacrée-Congrégation, Sa Sainteté a approuvé et confirmé le rescrit de la
Sacrée-Congrégation et a donné ensuite l'ordre d'expédier le décret
général *urbis et orbis.* 19 juillet 1877.

LOUIS, Cardinal BILIO,

ÉVÊQUE DE SABINE, PRÉFET DE LA SACRÉE-CONGRÉGATION DES RITES.

Place du sceau :

PLACIDE RALLI,
SECRÉTAIRE DE LA SACRÉE-CONGRÉGATION DES RITES.

DECRETUM URBIS ET ORBIS

Quanto Ecclesiæ futurus esset decori et quantæ cœtui universo Fidelium utilitati sanctus Franciscus Salesius non solum Apostolico zelo, virtutum exemplo et eximia morum suavitate, sed scientia etiam et scriptis cœlesti doctrina refertis, sa : mem : Clemens PP. VIII prænuntiare visus est. Audito namque doctrinæ specimine, quod Salesius coram ipso Pontifice dederat ad Episcopalem dignitatem promovendus, eidem gratulans Proverbiorum verba usurpavit : *Vade fili et bibe aquam de cisterna tua et fluenta putei tui, deriventur fontes tui foras et in plateis aquas tuas divide*. Et sane dederat Dominus Salesio intellectum juxta eloquium suum : cum enim Christus omnes alliciens homines ad Evangelica servanda præcepta enunciasset : *jugum meum suave est et onus meum leve*, Divinum effatum S. Franciscus ea, qua pollebat caritate et copia doctrinæ, in hominum usum quodammodo deducens, perfectionis christianæ semitam et rationem multis ac variis tractationibus ita declaravit, ut facilem illam ac perviam singulis fidelibus cuicumque vitæ instituto addictis ostenderet. Quæ quidem tractationes suavi stylo et caritatis dulcedine conscriptæ uberrimos in tota christiana societate pietatis fructus produxere, ac præsertim Philothea et Epistolæ Spirituales, ac insignis et incomparabilis Tractatus de amore Dei, libri nimirum qui omnium feruntur manibus cum ingenti legentium profectu. Neque in mystica tantum theologia mirabilis Salesii doctrina refulget, sed etiam in explanandis apte ac dilucide non paucis obscuris Sacræ Scripturæ locis. Quod ille præstitit cum in Salomonis cantico explicando, tum pro re nata passim in concionibus et sermonibus, quorum ope eam quoque laudem est adeptus, ut sacræ eloquentiæ dignitatem temporum vitio collapsam ad splendorem pristinum et Sanctorum Patrum vestigia et exempla revocaret.

Quamplures autem Sancti Gebennensis Antistitis Homiliæ, Tractatus, Dissertationes, Epistolæ, præclarissimam ejus testantur in dogmaticis disciplinis doctrinam, et in refutantis præsertim Calvinianorum erroribus invictam in Polemica arte peritiam, quod satis superque patet ex multitudine hæreticorum, quos in sinum Ecclesiæ catholicæ suis ipse scriptis et eloquio reduxit. Profecto in selectis Conclusionibus seu Controversiarum libris, quos Sanctus Episcopus conscripsit, manifeste elucet mira rei theologicæ scientia, concinna methodus, ineluctabilis argumentorum vis tum in refutandis hæresibus, tum in demonstratione

Catholicæ veritatis, et præsertim in asserenda Romani Pontificis auctoritate, jurisdictionis Primatu, ejusque infallibilitate, quæ ille tam scite et luculenter propugnavit, ut definitionibus ipsius Vaticanæ Synodi prælusisse merito videatur.

Factum proinde est ut Sacri Antistites et Eminentissimi Patres in suffragiis, in Consistoriali Conventu pro Sancti Episcopi Canonizatione prolatis, non solum vitæ ejus sanctimoniam, sed potissimum doctrinæ excellentiam multis laudibus exornarent, dicentes nimirum Franciscum Salesium sal vere Evangelicum ad saliendam terram et a Calviniana putredine purgandam, editum ; et solem mundi qui in tenebris hæresum jacentes veritatis splendore illuminavit, illique oraculum accomodantes « qui docuerit sic homines, magnus vocabitur in Regno cœlorum. » Quinimmo Summus ipse Pontifex s. m. Alexander VII Franciscum Salesium prædicare non dubitavit tamquam doctrina celebrem ætatique huic nostræ contra hæreses medicamen, præsidiumque, ac Deo gratias agendas ait, « quod novum Ecclesiæ intercessorem concesserit ad fidei catholicæ incrementum, hæreticorumque et a via salutis errantium lumen et conversionem, quippe qui Sanctorum Patrum exempla imitans potissimum catholicæ religionis sinceritati consuluit, qua mores informando, qua sectariorum dogmata evertendo, qua deceptas oves ad ovile reducendo. » Quæ quidem idem Summus Pontifex de præstantissima Salesii doctrina in Consistoriali allocutione jam edixerat, mirifice confirmavit Monialibus Visitationis Anneciensibus scribens : « *salutaris lux, qua Divi Francisci Salesii præclara virtus et sapientia Christianum Orbem universum late perfudit.* »

Cujus Summi Antistitis sententiæ successor ejus Clemens IX accedens in honorem Salesii antiphonam a Monialibus dicendam probavit : « *replevit sanctum Franciscum Dominus Spiritu intelligentiæ, et ipse fluenta doctrinæ ministravit populo Dei.* » Hujusmodi autem SS. Pontificum judiciis adstipulatus etiam est Benedictus XIV, qui difficilium quæstionum solutiones et responsa Sancti Episcopi Gebbennensis auctoritate sæpe fulcivit, ac sapientissimum nuncupavit in Sua Constitutione *Pastoralis curæ.* Adimpletum igitur est in sancto Francisco Salesio illud Ecclesiastici : « Collaudabunt multi sapientiam ejus, et usque in sæculum non delebitur, non recedet memoria ejus et nomen ejus requiretur a generatione in generationem, sapientiam ejus enarrabunt gentes et laudem ejus enuntiabit Ecclesia. »

Idcirco Vaticani Concilii Patres supplicibus enixisque votis Summum Pontificem Pium IX communiter rogarunt ut sanctum Franciscum Salesium Doctoris titulo decoraret. Quæ deinceps vota et Eminentissimi sanctæ Romanæ Ecclesiæ Cardinales pluresque ex toto Orbe Antistites ingeminarunt, et plurima Canonicorum Collegia, magnorum Lycæorum Doctores, Scientiarum Academiæ ; iisque accesserunt supplicationes augustorum Principum, nobilium Procerum, ac ingens Fidelium multitudo.

Tot itaque tantasque postulationes Sanctitas Sua benigne excipiens gravissimum negotium expendendum de more commisit Sacrorum Rituum Congregationi. In Ordinariis profecto Comitiis ad Vaticanas ædes infrascripta die habitis Emi et Rmi Patres Cardinales Sacris Ritibus tuendis præpositi, audita relatione Emi ac Rmi Cardinalis Alosii Bilio Episcopi Sabinen. eidem S. Congregationi Præfecti et Causæ Ponentis, matureque perpensis Animadversionibus R. P. D. Laurentii Salvati Sanctæ Fidei Promotoris, necnon Patroni Causæ responsis post accuratissimam discussionem unanimi consensu rescribendum censuerunt : *Consulendum Sanctissimo pro concessione, seu declaratione et extensione ad universam Ecclesiam tituli Doctoris in honorem sancti Francisci De Sales cum Officio et Missa de Communi Doctorum Pontificum, retenta Oratione propria et Lectionibus secundi Nocturni.* Die 7 Iulii 1877.

Facta deinde horum omnium eidem Sanctissimo Domino nostro Pio Papæ IX ab infrascripto Sacræ Congregationis Secretario fideli relatione, Sanctitas Sua Sacræ Congregationis Rescriptum adprobavit et confirmavit, ac præterea Generale Decretum Urbis et Orbis expediri mandavit. Die 19, iisdem mense et anno.

ALOISIUS EPISCOPUS SABIN. CARD. BILIO.

S. R. C. PRÆF.

Loco + Sigilli.

PLACIDUS RALLI

S. R. C. SECRETARIUS.

SAINT FRANÇOIS DE SALES

DOCTEUR DE L'ÉGLISE

Un grand procès, tout spirituel, vient de se terminer en cour de Rome. Devait-on déférer à saint François de Sales les honneurs publics que l'Église réserve à ses docteurs ? Sept ans ont été consacrés à débattre cette question ; le siége apostolique n'a pas coutume de hâter ses jugements. Les raisons pour et contre ont été posées, comparées, discutées ; enfin la sentence est prononcée. Le saint évêque de Genève prendra rang parmi les docteurs de l'Église.

L'illustre enfant de la Savoie avait déjà reçu des honneurs exceptionnels, même parmi les saints canonisés. Une immense renommée s'attachait au nom du pieux prélat, tandis qu'abrité sous les hautes cimes des Alpes, il gouvernait encore son humble diocèse. Après sa mort, le souvenir de ses vertus, le bruit de ses miracles attirèrent d'innombrables pèlerins à son tombeau ; le suffrage des peuples se hâtait de lui décerner les honneurs des bienheureux, et l'Église, oubliant un jour ses lenteurs réglementaires, devançait les temps pour déposer sur son front l'auréole des saints. Deux siècles s'étaient écoulés ; le temps, qui use tout, avait respecté sa renommée et accru plutôt qu'affaibli la tendre affection que lui portaient les chrétiens.

Il manquait pourtant un fleuron à sa radieuse couronne, et la vénération des fidèles, évêques, prêtres, laïques, ne se résignait pas à le voir plus longtemps privé d'un honneur auquel il avait droit. La voix publique le proclamait docteur ; mais l'Église n'avait pas encore, par l'oracle infaillible du siége apostolique, sanctionné le jugement populaire. Tous les dévots de saint Fran çois de Sales, et ils sont nombreux par le monde, étaient donc en instances auprès du vicaire de Jésus-Christ. Leurs vœux sont enfin exaucés ; ils pourront désormais lui rendre les hommages que la sainte liturgie accorde aux Grégoire, aux Ambroise, aux Augustin, aux Jérôme, à ces grandes lumières qui brillent d'un éclat incomparable au firmament de l'Église.

Sentence glorieuse pour la cité d'Annecy et cette riante contrée des Allobroges qui vit naître l'évêque de Genève, fut le témoin de ses travaux, l'objet de sa sollicitude de pasteur, et la dépositaire de ses saintes reliques ! Heureuse contrée qui au sein de ses sombres vallées avait déjà vu s'allumer un autre flambeau destiné à éclairer le monde, saint Anselme, le savant et héroïque archevêque de Cantorbéry !

L'Église entière saluera avec bonheur son nouveau docteur ; car est-il un pays au monde ou la Philothée et le Théotime n'aient porté le nom du saint évêque et ne lui aient gagné les cœurs ? Mais la France surtout s'en réjouira, car François de Sales lui appartient bien aussi. Il fut savoisien, il est vrai, par la naissance, par son épiscopat, par la fidélité qu'il conserva à sa patrie et à ses souverains, au point de leur sacrifier les amicales prévenances d'Henri IV et les hautes dignités qu'il lui offrait. Mais le saint évêque n'attendit pas pour se regarder comme uni à la France par les liens les plus étroits que les vicissitudes de la politique humaine eussent annexé au sol français les versants occidentaux des Alpes. Il nous appartenait déjà par son éducation, par sa langue, par ses alliances de famille et ses relations d'amitié, par ses travaux apostoliques qui l'attirèrent si souvent en deçà des frontières ; si bien que la mort le surprit sur le territoire de France, dans cette ville de Lyon qui avait déjà reçu le dernier soupir du séraphique docteur saint Bonaventure.

La palme des docteurs n'était pas un produit étranger à notre sol. L'Église de France montrait avec un légitime orgueil son Hilaire de Poitiers, le marteau de l'arianisme, et son Bernard, l'éloquent abbé de Clairvaux, au langage plus doux que le miel. Le fondateur de la scolastique, saint Anselme, n'était pas un étranger pour elle ; car le futur archevêque de Cantorbéry s'était formé aux saintes lettres dans l'abbaye du Bec, en Normandie ; il les avait enseignées à son tour, et la plupart des écrits qui lui ont mérité une place parmi les docteurs de l'Église étaient le résumé des leçons qu'il avait données dans cette célèbre école. Enfin saint Thomas d'Aquin et saint Bonaventure ne furent-ils pas la gloire de notre antique université de Paris ? La France, justement fière de ses anciens docteurs, ne le sera pas moins de celui qui vient ajourd'hui augmenter cette illustre phalange.

Dire ce que c'est qu'un docteur de l'Église et à quelles conditions est attaché ce titre glorieux ; montrer comment saint François de Sales en a mérité les honneurs ; retracer le récit du procès qui aboutit à une sentence si honorable pour le saint évêque et si consolante pour les cœurs qui lui sont dévoués, tel est le but de notre travail.

I

LE DOCTEUR DE L'ÉGLISE

Les docteurs ne manqueront jamais à l'Église. Dieu a promis qu'elle en aurait, comme elle a des apôtres, des prophètes, des évangélistes et des pasteurs, jusqu'à ce que le corps mystique de Jésus-Christ soit arrivé à la plénitude de l'âge parfait. La Providence pouvait-elle permettre que nous fussions comme de petits enfants chancelants, ou comme un vaisseau emporté à tout vent de doctrine, livré aux courants du mensonge et de la perversité humaine ? C'est pour nous préserver de tristes naufrages que le Sauveur, en nous donnant le trésor de la révélation, en confia le dépôt aux saints docteurs.

Les premiers docteurs furent les apôtres établis par le Saint-Esprit pour instruire les nations. Leurs enseignements ont été recueillis, conservés et interprétés par des hommes de science, surtout par les évêques dont les prédications et les écrits transmirent à la postérité les dogmes de la foi. Avec les premiers successeurs des apôtres, avec saint Clément de Rome, saint Ignace d'Antioche, saint Polycarpe de Smyrne, saint Denis de Paris, saint Irénée de Lyon, commence la série de ces hommes à jamais vénérés qu'on a si bien nommés les Pères de l'Église.

Ce titre n'a rien d'officiel, il est vrai. Jamais il ne fut décerné par décret pontifical ; il n'a pas trouvé place dans les qualifications

liturgiques. C'est la reconnaissance du peuple chrétien qui l'a
conféré aux maîtres, par lesquels il fut engendré à la vie de la
foi et nourri dès la première enfance du pain de la vérité. Par
un accord tacite, il est déféré aux écrivains ecclésiastiques des
premiers siècles ; à ceux qui par leurs écrits nous ont conservé
les traditions apostoliques dont ils restent les témoins authen-
tiques. Leurs admirables catéchèses apprirent au peuple chrétien
les éléments de la foi ; leurs sermons, leurs homélies ont tour à
tour éclairci les obscurités des Écritures, exposé les sens cachés
des paraboles évangéliques et formulé les lois de la morale chrétienne ; leurs controverses ont suivi l'hérésie dans tous ses dé-
tours et protégé contre les mensonges de l'erreur la foi simple des fidèles.

Durant ce premier âge, la doctrine se développe. C'est la
semence fécondée par la rosée du ciel, préparant au monde les
plus riches moissons. L'ère des Pères de l'Église est close le
jour où tous les principes de la foi sont suffisamment fixés, déve-
loppés et protégés contre les nouveautés des hérétiques. Saint
Bernard, d'un accord à peu près unanime, en est regardé comme
le dernier représentant [1].

Durant cette première phase, nous ne voyons pas encore la
science théologique apparaître dans un complet développement.
Saint Augustin avait donné à l'Église ses livres immortels de la
Cité de Dieu ; saint Jean Damascène nous léguait en mourant ses
quatre livres de la foi orthodoxe. Ce n'était pourtant que l'aurore de la théologie. Sous la plume de ces illustres docteurs, les
vérités révélées commençaient à se grouper en corps de doctrine ;
mais l'œuvre était seulement ébauchée. Le temps arrivait où la

---

[1] Quatre conditions semblent requises pour être rangé au nombre des Pères
de l'Église : l'antiquité, l'importance des écrits au point de vue du témoignage et de
la tradition, la sainteté de vie, mais surtout la pureté de la foi, enfin le consentement des peuples (V. le savant traité *de Traditione*, du cardinal Franzelin,
thèse 15, n° 2). Il n'est pas nécessaire que les écrits soient nombreux et volumineux ;
quelques lettres ont suffi à saint Ignace d'Antioche et à saint Polycarpe de
Smyrne. L'importance des écrits se mesure à celle du témoignage que ces anciens
auteurs ont rendu aux dogmes révélés. La sainteté est également une condition
nécessaire. C'est pourquoi ni Tatien, ni Tertullien, ni Origène, ni Lactance, ni
Arnobe, ni Eusèbe de Césarée, ne sont comptés parmi les Pères de l'Église, malgré
le rang distingué qu'occupent plusieurs d'entre eux parmi les auteurs ecclésiastiques,
et l'importance de leurs ouvrages.

scolastique allait se mettre à l'œuvre. Réunir dans une vaste synthèse les principes épars du dogme chrétien ; les comparer entre eux et avec les vérités rationnelles, en déduire les conséquences ; et par là, construire le majestueux édifice de la science théologique : voilà l'œuvre que lui réservait la divine Providence. Ainsi se continuait sans interruption dans l'Église la grande mission du doctorat.

Comment rappeler tous les écrivains qui ont projeté sur l'Église de Dieu les rayons de leur science ? Pas un siècle, depuis que le christianisme a régénéré le monde, qui n'ait eu ses savants pontifes, ses doctes évêques, et en dehors même de la hiérarchie, d'habiles et savants apologistes. Tous auraient droit à la palme du doctorat ; tous brilleront au ciel comme de radieuses étoiles, quand à l'éclat de la science ils ont ajouté celui de la sainteté. Mais si Dieu a pour eux des récompenses proportionnées à leur science et au bon usage qu'ils en ont fait, l'Église militante est réduite à compter ses couronnes.

Ils ne sont pas nombreux ceux qu'elle a inscrits dans le catalogue officiel des saints docteurs. Quatre obtinrent d'abord cet honneur. Le suffrage du peuple joignit à ces noms illustres ceux des plus grands représentants de l'Église grecque, des Athanase, des Basile, des Grégoire de Nazianze, des Jean Chrysostome. En confondant dans les mêmes honneurs les brillantes lumières des deux mondes, l'Église montrait ainsi que l'Occident et l'Orient avant le schisme s'unissaient dans une même foi. Par la suite des temps, le catalogue des saints docteurs s'accrut de noms illustres ; et aujourd'hui, saint François de Sales est le dix-neuvième qui reçoit ce titre glorieux [1].

Quelles sont donc les conditions du doctorat ecclésiastique ?

---

[1] En dehors des dix-neuf docteurs reconnus et proclamés tels pour toute la chrétienté, il en est d'autres qui reçoivent dans des Églises particulières, et avec l'autorisation du siége apostolique, le culte réservé aux maîtres de la foi. C'est ainsi que le diocèse de Lyon salue saint Irénée du double titre de martyr et de docteur. A Séville, saint Léandre, à Tolède, saint Ildephonse, le vénérable Bède en Angleterre, sont honorés au même titre ; d'antiques martyrologes fêtent comme docteur le savant évêque de Ruspe, saint Fulgence. Longtemps saint Ludger reçut ce titre dans les églises de Munster et de Paderborn. Enfin, plusieurs des saints, récemment inscrits au catalogue des docteurs, en avaient porté le nom et reçu les honneurs dans diverses églises ou ordres religieux (V. Benoît XIV, *de Canon. SS.*, l. IV, p. II, c. XI et XII.)

Mabillon, plaidant pour la cause de saint Bernard, les résume
en deux mots : « l'Église donne le titre de docteur aux saints
dont la doctrine est approuvée par le suffrage public des fidèles :
*Doctoris nomen Ecclesia his tribuit quorum doctrina publico
ipsius suffragio approbata est. (Ad Opp. S. Bernardi.
præfat.* nº 2.) » La règle que propose le savant bénédictin est tout
extérieure. Mais le suffrage du peuple chrétien doit avoir son
fondement dans les écrits de ceux pour lesquels on revendique
les honneurs du doctorat. Il fallait donc une règle plus précise.
La théologie catholique s'est plus d'une fois efforcée de la formuler ; ses conclusions sont ainsi résumées par le Pape Benoît XIV :
« Trois choses sont nécessaires pour constituer un docteur de
l'Église ; à savoir, une science éminente, une sainteté insigne
et la déclaration du Souverain Pontife ou d'un concile légiti-
mement assemblé ; *Ad constituendum Ecclesiæ doctorem
tria sunt necessaria, eminens scilicet doctrina ; insignis vitæ
sanctitas... ; et præterea summi Pontificis, aut concilii gene-
ralis legitime congregati declaratio. (De Canonis. SS.,*
liv. IV, part. II, chap. xi, § 13.)

Qu'il soit besoin d'un décret du Pape ou du concile œcuménique pour faire un docteur de l'Église, on le comprend aisément. C'est un titre officiel, liturgique, conférant à celui qui le
reçoit des droits à un culte spécial dans toutes les Églises du
monde. Qui donc peut commander à la chrétienté entière de
rendre de tels honneurs, sinon les dépositaires du pouvoir supérieur, c'est-à-dire le Pape ou le concile présidé par lui ?

Il faut aussi la science ; le nom même de docteur le dit suffisamment. Mais quelle science et à quel degré ? Le Pape Benoit XIV,
dans le passage cité, s'exprime bien sommairement : une science
éminente, *scientia eminens.* Or, en quoi consiste la science
éminente du docteur, quel en est l'objet, quelle en est l'étendue ?
L'érudit canoniste l'indique à la fin du paragraphe cité, en
renvoyant le lecteur au célèbre décret de Boniface VIII, qui fait
autorité en cette matière. Exposons donc la doctrine de ce savant
Pontife.

C'est dans la décrétale par laquelle il règle les honneurs dus
aux apôtres, aux évangélistes et aux quatre grands docteurs de
l'Église latine, caractérisant les excellences propres à chacun

de ces degrés de la hiérarchie céleste. Il s'exprime ainsi sur les docteurs : « Leurs enseignements éclatants ont illustré la sainte Église, l'ont ornée de vertus, et ont fait revivre en elle la pureté des mœurs. Par eux comme par des flambeaux brillants et ardents placés sur les candélabres, dans la maison du Seigneur, les ténèbres de l'erreur ont été dissipées, et tout le corps de l'Église est devenu brillant comme l'étoile du matin. Sous l'influence de la rosée céleste, elle résout par eux les énigmes des écritures, en délie les nœuds, en éclaircit les obscurités et en expose les doutes ; grâce à la profondeur et à la beauté de leurs discours, le vaste édifice de l'Église brille de l'éclat des diamants, et, transportée aux plus sublimes hauteurs, elle se revêt de vives splendeurs par l'élégance de leur parole. [1] »

Dégageons ce passage des belles métaphores sous lesquelles le pontife enveloppe sa pensée; et nous saurons à quelles conditions l'Église consent à inscrire l'un de ses enfants dans le catalogue des docteurs. Inutile de dire que ce titre est réservé à ceux qui ont éclairé le monde par leurs écrits. La simple prédication ne suffit pas. Le savant qui parle à ses contemporains, les émeut par son éloquence, les éclaire par sa sagesse, et dont la parole s'éteint à l'heure de la mort, a passé commme un météore ; il n'est pas du nombre des étoiles qui ne cessent de scintiller sur la voûte azurée. Il faut donc des écrits, mais des écrits tout imprégnés d'une vaste science qui scrute les profondeurs des saintes lettres et en dévoile le sens mystérieux, qui pénètre au fond des dogmes divins. Science excellente entre toutes et par la sublimité de son objet et par son étendue. Enfin science salutaire dans ses effets, car le docteur est placé comme une sentinelle sur les remparts de la sainte Sion ; son regard perçant découvre les trames de l'hérésie, en déjoue les complots, défend courageusement les vérités de la foi contre les criminels attentats. Le docteur est aussi le guide des âmes; il leur apprend à remplir les devoirs de la vie chrétienne, et par la pratique des vertus les plus relevées conduit aux plus hauts sommets de la perfection. Les docteurs sont comme les organes de l'Église, c'est par leur bouche qu'elle parle, par leur main qu'elle écrit : leur

---

[1] *Corpus juris. Sexti*, lib. III, tit. 22, cap. *Gloriosus.*

gloire est celle de la sainte épouse de Jésus-Christ; aussi le grand pape s'exprime-t-il avec la plus exacte vérité quand il représente l'Église semblable à l'étoile du matin, resplendissante des reflets de leurs enseignements. Il n'est pas jusqu'aux grâces du style qu'il ne demande des docteurs. La céleste Jérusalem n'est-elle pas ce temple tout rayonnant de la beauté des pierreries, qu'avaient contemplé dans leurs visions le prophète Isaïe et le disciple bien-aimé? Et ces pierres précieuses que sont-elles, d'après le décret de Boniface VIII, sinon les élégances du discours qui recouvrent de leurs grâces la solidité des enseignements?

Avoir montré dans ses écrits une science supérieure des choses de Dieu; avoir exercé sur les destinées de l'Église, une action éclatante et salutaire, en réprimant les audaces de l'hérésie, en exposant les sens des écritures, en développant les dogmes de la foi, en enseignant aux peuples les lois de la morale et leur montrant le chemin de la perfection; voilà donc la science éminente que l'Église réclame de ses docteurs.

Elle ajoute une troisième condition, celle de la sainteté. On concevrait à la rigueur un grand savoir des choses de Dieu même dans un homme pécheur; ce savoir pourrait être mis au service de l'Église, aussi bien qu'autrefois l'infidèle Balaam employait en faveur du peuple de Dieu sa lumière prophétique. Mais ce pécheur dont la science servirait à éclairer l'Église ne serait jamais compté parmi ses docteurs. Car, nous l'avons dit, c'est là un titre liturgique qui donne droit à des honneurs publics, réservés aux saints que l'Église honore d'un culte religieux. Aussi l'habile avocat qui a défendu en cour de Rome la cause du doctorat de saint François de Sales, faisait justement remarquer que le siècle de notre saint avait produit d'autres apologistes de la foi qui ne le lui cédaient peut-être pas en science, et il cite les grands noms de Pierre Canisius et de Robert Bellarmin. Mais, ajouta-t-il, ni l'un ni l'autre n'ont reçu les honneurs de la canonisation. Il leur manque donc encore une condition essentielle du doctorat, celle de la sainteté reconnue et proclamée officiellement par l'Église, condition qui heureusement ne manque pas au saint évêque de Genève.

Et certes la sainteté n'est pas chose indifférente, même pour acquérir la science du docteur. Car si le doctorat a pour but de manifester au monde le sens caché des écritures et les profondeurs du dogme chrétien, qui ne sait combien de lumières l'homme saint, libre des entraves des passions et dégagé des intérêts terrestres, reçoit au pied du crucifix, dans la méditation des vérités éternelles? N'était-ce pas là que le docteur séraphique se glorifiait de puiser toute sa science? Ce n'est donc pas toute science, mais celle des saints que nous honorons en nos docteurs.

Nous venons d'exposer les lois que s'est imposée la sainte Église pour accorder à l'un de ses enfants les honneurs du doctorat. Saint François de Sales a-t-il montré dans ses écrits cette science extraordinaire et surnaturelle des divins mystères? Ses ouvrages ont-ils exercé l'influence salutaire qui convertit les cœurs et les conduit à la pratique des plus hautes vertus? Ses controverses ont-elles confondu les hérésies et vengé triomphalement la foi catholique de leurs attaques? Enfin, par la profondeur de la doctrine et l'élégance du style, ses livres ont-ils apporté de notables accroissements à la splendeur dont brillait déjà la sainte épouse de Jésus-Christ? Telles étaient les questions sur lesquelles devait porter le jugement de la Congrégation des rites.

II

LA PRÉPARATION DU DOCTEUR

La Providence ne fait pas ses œuvres à moitié. A ceux qu'elle destine aux grandes missions, elle prodigue les dons nécessaires pour les remplir. Le saint évêque de Genève était l'un de ces hommes prédestinés dont le passage marque dans l'histoire du monde chrétien. Son influence devait être considérable durant les années de sa vie mortelle; plus considérable encore quand il aurait reçu au ciel la récompense de ses vertus. Apôtre, pontife et docteur, sublimes fonctions auxquelles l'appelaient les décrets divins!

Aussi Dieu lui donna-t-il une riche nature. Sans parler des avantages d'une noble naissance, il lui départit toutes les qualités personnelles qui placent un homme parmi les sommités de son siècle. Son cœur, pétri de charité et de miséricorde, se consumait d'amour pour tous les membres de la grande famille de Jésus-Christ. Et ces trésors de paternité ne restaient pas cachés dans le secret de son cœur. Les portraits et les descriptions des contemporains nous font admirer ce port majestueux, cette figure aux traits aimables, au regard limpide, toujours empreinte de la plus tendre bienveillance. Comme du Sauveur, on pouvait dire de lui : *La grâce a été répandue sur vos lèvres, car le Seigneur vous a béni.* La grâce était vraiment sur ses lèvres. Les abeilles qui se posèrent autrefois sur la bouche d'Ambroise et les laissèrent imprégnées de leur miel crurent retrouver leur ruche sur les lèvres de François de Sales ; car elles aussi distillaient le lait et le miel, et laissaient couler par torrents les flots de la douce persuasion. Qu'on ne pense pas cependant que tout chez lui se résolût en suavité. Sa douceur était le rayon de miel dans la bouche du lion, la douceur sortant de la force (*Judic.*, xiv, 14) ; car si Dieu lui départit largement la tendresse du cœur nécessaire à l'apôtre et au pasteur, il ne fut pas moins libéral envers lui des dons de l'intelligence nécesssaire au docteur. Esprit plein de vivacité, conception prompte, jugement droit, mémoire sûre, et avec ces qualités solides, la plus riante imagination. L'aimable saint, bienveillant pour tous, n'excluait pas même de sa tendresse les animaux, les plantes, jusqu'aux objets inanimés que présente à nos regards le monde des corps. Il connaissait ce vaste domaine autant que peut le connaître un observateur attentif et ami, et remontant du visible au spirituel, il se plaisait à transporter dans les régions du surnaturel les beautés de la nature. La fleur modeste des champs, la diligente avette, l'oiseau qui chante sous le feuillage, le lièvre des Alpes, l'agneau et sa sœur la brebiette, tout dans cette âme naïve prenait un sentiment, empruntait la parole pour nous élever de la terre au ciel, de la créature à l'auteur de tant de merveilles. C'est par les grâces de son esprit que, devançant son siècle, le saint évêque de Genève méritait de figurer parmi les fondateurs de la langue française. Heureux si notre littérature, résistant à la sèche régularité du dix-septième siècle, eût conservé quelque peu de ces grâces

simples,et de cette exubérance qu'elle a sous la plume de
saint François de Sales, aussi bien que de Montaigne son contemporain ! Il fallait que le futur docteur eût l'élégance du
style, pour revêtir d'une brillante parure de diamants les murs
de la sainte Jérusalem.

Riche des dons naturels, le fils du seigneur de Boisy ne
laissa pas enfoui le talent reçu du ciel. La culture la plus soi -
gnée développa la semence déposée en son âme. Solides études
de grammaire et d'humanités dans le château de ses pères et
au collége d'Annecy ; cours brillants de rhétorique et de philo -
sophie au collége de Clermont à Paris, et de jurisprudence à
l'université de Padoue, rien ne lui manqua de ce qui développe les dons naturels, et nous savons qu'aux leçons des maîtres répondit constamment l'application de l'écolier. Une seule
science ne figure pas dans le programme de ses études, celle
pourtant qui l'emportait sur toutes les autres, vu la mission à
laquelle l'appelait la divine volonté, la science de la théologie.
Mais la piété du saint jeune homme, son amour de l'étude et
l'extraordinaire facilité de son esprit y avaient pourvu. François de Sales n'entrevoyait encore d'autre perspective que la
magistrature et le parlement de Savoie. De quelle utilité pouvait donc lui être la connaissance approfondie des sciences divines ? Mais les ardeurs de la dévotion l'attiraient vers l'étude
des saintes lettres. Où trouver pour son âme une nourriture plus
abondante et plus délicieuse que dans les mystères de la révélation ? Cédant à son attrait, le jeune éudiant se résolut de
joindre à l'étude de la philosophie celle de la théologie. Il obtint
d'y consacrer trois heures par jour, des heures prises sur le
repos et les récréations. Sa vaste intelligence pouvait mener de
front des études si étendues et si diverses. L'abbé Déage, son
précepteur, lui communiquait ses cahiers de Sorbonne et le
conduisait aux disputes de la célèbre faculté. Ainsi les trois
années du cours de philosophie furent aussi trois années d'études de la théologie. Venu à Padoue pour se former à la connaissance des lois, François de Sales ne négligea pas la science
sacrée. Sur huit heures consacrées tous les jours à ses travaux
scolastiques, une moitié était pour la jurisprudence et l'autre
pour la théologie. Et comme en ce temps la législation civile

s'inspirait des lois ecclésiastiques, les études du jurisconsulte préparaient le savant canoniste. Ainsi se passèrent les quatres années du cours de droit.

Mais à quelles sources allait puiser le jeune étudiant ? On connaissait peu alors les manuels et les résumés. Les études théologiques étaient approfondies. La *Somme* de saint Thomas servait de base dans la plupart des universités ; mais au texte du saint docteur on joignait les développements qu'avait reçus la science sacrée dans les derniers siècles et que rendaient nécessaires les hérésies nouvelles. Les écrits du docteur angélique et les Controverses de Bellarmin furent les ouvrages dont l'étude assidue prépara saint François de Sales aux travaux de son apostolat. Mais en même temps il se livrait à la lecture des divines écritures et des saints Pères. Saint Ambroise, saint Augustin, saint Jérôme, saint Jean-Chrysostome, saint Bernard, saint Cyprien étaient ses auteurs de prédilection.

Voilà comment le futur docteur se préparait, sans le savoir, à l'éclatante mission que Dieu lui réservait. Aussi quand, pressé de la divine grâce, il renonça aux flatteuses avances que lui fit le parlement de Chambéry, pour se vouer au service de l'Église, il n'eut pas besoin d'autre préparation ; il pouvait entrer de plain-pied dans les charges ecclésiastiques. Et lorsque, quelques années plus tard, le pape Clément VIII l'appelait à l'examen qui précède la promotion à l'épiscopat, en présence du Collége des cardinaux et de la cour romaine tout entière, François de Sales, quoique surpris à l'improviste, répondit avec tant de sagesse, de science, qu'il ravit l'admiration d'un tribunal dans lequel siégeaient Bellarmin et Baronius. Le Pape Clément VIII, lui aussi un savant théologien, assurait n'avoir jamais assisté à si brillant examen ; et dans son admiration il ne craignait pas d'appliquer au nouvel élu les paroles du livre des Proverbes : « Va, mon fils, bois l'eau de ta citerne et les courants de ta source ; que tes fontaines s'écoulent au dehors, et distribue tes eaux sur les places publiques. » (Prov., v, 15).

François n'avait plus besoin de puiser à d'autres sources ; son réservoir débordait. Éloge flatteur, que l'Église par la bouche de Clément VIII adressait au coadjuteur de Genève, comme un présage de ses travaux futurs, qu'elle adresse aujourd'hui par la bouche de Pie IX à son nouveau docteur [1].

Intelligence élevée, études approfondies, science étendue et solide, que manquait-il à notre saint de ce qui fait les maîtres en Israël? Ajoutons, avec l'avocat consistorial qui a si bien plaidé la cause du saint évêque, qu'il n'y eut en lui aucun des nuages qui obscurcissent parfois les plus brillantes lumières. Pas de passions désordonnées dans le cœur, pas de préjugés dans l'esprit, pas de précipitations dans le jugement; donc aucune des nombreuses causes qui nous entraînent dans l'erreur. C'était le soleil dans toute la splendeur d'un ciel sans nuage. C'était la lumière céleste, le flambeau allumé à la méditation des choses saintes, des divines écritures, et dont la flamme était sans cesse avivée par le saint commerce avec Dieu, par la pureté virginale du cœur et la pratique des plus sublimes vertus. Dieu pouvait-il refuser les illuminations de la grâce à cet ange de la terre? Saint François de Sales avait tout ce qui constitue la science des grands docteurs. Voyons comment il exploita cette mine inépuisable.

III

LES ÉCRITS DU DOCTEUR

L'évêque de Genève a beaucoup écrit, mais il a composé peu d'ouvrages. Il fut auteur sans l'avoir voulu, ni soupçonné. Des avis de piété, des lettres de direction, écrits au jour le jour à une dame pieuse qui le consultait, voilà le fond de son premier livre, de celui qui lui créa une immense renommée dans le monde chrétien, l'*Introduction à la vie dévote*. Quand il écrivait ces pages volantes, comme il était loin de penser à publier ce qu'il avait rédigé pour les besoins particuliers d'une âme! Ne dirait-on pas l'une de ces graines au léger duvet que le vent emporte au loin sur ses ailes, jusqu'à ce que, tombant sur un terrain

[1] Voyez le décret qui proclame saint François de Sales docteur de l'Église. On y rappelle le brillant examen qu'il subit en présence de Clément VIII, les félicitations dont il fut l'objet, et le texte des Proverbes que lui applique si spirituellement le pontife romain. Ce texte est inséré en entier dans le nouveau décret; il deviendra comme la caractéristique du nouveau docteur.

humide, elle germe et donne naissance à un grand arbre ? Encore
pour obliger François de Sales à remanier, à coordonner ces magnifiques pages, à les livrer à la presse, fallut-il toute l'autorité du religieux qui avait eu longtemps la direction de sa conscience, et les instances de notre roi bien-aimé, Henri IV [1].

Trois ou quatre ouvrages seulement furent composés par lui
en vue de la publicité : le *Traité de l'amour de Dieu*, l'*Étendard de la Croix*, les *Méditations sur le symbole* ; peut-être
aussi le *Traité* (malheureusement perdu) *de la Démonomanie
ou des Énergumènes*. Des autres livres qui figurent dans la
collection de ses œuvres, les controverses, envoyées par feuilles
détachées aux protestants de Thonon, ne furent retrouvées, re-
cueillies et publiées qu'après sa mort ; il ne rédigea pas lui-
même les *Entretiens spirituels* ; nous les devons, ainsi que bon
nombre de ses sermons, à la mémoire des religieuses d'Annecy.
Ses correspondances, ses écrits épiscopaux et ses opuscules de
piété sont également au nombre de ses œuvres posthumes.

On comprend qu'au milieu des nombreuses occupations de
l'épiscopat, saint François de Sales n'ait pu se livrer au travail
assidu de la composition. C'est l'excuse qu'il opposait aux instances par lesquelles le recteur des jésuites de Chambéry, le
P. Forrier, le pressait de publier sa *Philothée*. Outre que dans
son humilité il se croyait incapable de rien écrire, le saint se
plaignait que les innombrables soucis de la charge pastorale ne
lui laissassent pas un moment de loisir. Par bonheur, la docilité
l'emporta sur les répugnances de l'humilité et sur les sollicitudes
de l'évêque. L'*Introduction* parut au grand jour de la publicité ;
elle fut accueillie avec toute la faveur que l'on sait. Et quand le
saint évêque vit la bénédiction extraordinaire que Dieu répan-
dait sur son premier livre, il se reconnut vocation pour écrire.
C'est alors qu'il composa l'admirable traité de l'*Amour de Dieu* et
son beau commentaire du *Cantique des Cantiques*. Alors aussi il
forma les plus beaux projets et des plans merveilleux de traités
sur les évangiles. Il les communiqua au P. Jean de Saint-Fran-

---

[1] Les intéressants détails concernant la publication de ce livre incomparable ont
été conservés par Charles Auguste de Sales, dans sa *Vie* du saint évêque, par
Camus, évêque de Belley, dans son *Esprit de saint François de Sales* ; M. Hamon
les a reproduits dans la Vie du Saint (liv. IV, ch. VIII).

çois, général des Feuillants, son confident et son ami. La mort
en arrêta l'exécution. Quels trésors le saint évêque aurait ajoutés
à la littérature chrétienne, s'il eût plu à la divine providence de
prolonger ses jours !

Cependant les écrits que nous possédons de lui, traités publiés de son vivant, œuvres posthumes, controverses, opuscules
de piété, correspondance, actes épiscopaux, règles pour les mai-
sons religieuses, figurent avec honneur dans nos bibliothèques,
à côté des ouvrages de nos plus grands docteurs. Ils forment
douze beaux volumes compacts [1]. Que le plus grand nombre de
ces productions n'aient pas été faites en vue de la publicité, c'est
une chose qui lui est commune avec les saints qui l'ont précédé
sur la liste des docteurs. Ni saint Augustin, ni saint Bernard
n'avaient composé leurs sermons en vue de la postérité ; pas
plus que saint François de Sales, ils ne les avaient pas écrits de
leur propre main, et, si nous les possédons, nous en devons rendre
grâce aux disciples dévoués qui n'ont pu se résoudre à laisser
enfouis de tels trésors. Leurs correspondances comme celle de saint
Jérôme, de saint Grégoire et des autres saints docteurs étaient
pareillement destinées à l'intimité. Mais la Providence n'a pas
permis que de telles lumières restassent sous le boisseau, elle
les a mises sur le chandelier pour éclairer tous les hôtes de la
maison. D'autant que ces lettres de nos docteurs sont souvent
de magnifiques traités. N'est-ce pas par forme de correspondance que l'évêque d'Hippone a attaqué les faux-fuyants du semi-
pélagianisme ? Et notre admirable abbé de Clairvaux n'a-t-il pas
écrit dans une lettre son magnifique traité de la charité ? A leur
exemple, l'évêque de Genève a tracé dans ses lettres les règles
de la perfection chrétienne, et plusieurs d'entre elles sont de
splendides suppléments à ses controverses.

C'est donc dans cet ensemble d'écrits, devenus le trésor public de l'Église, qu'il fallait rechercher les titres de saint François de Sales aux honneurs du doctorat. Nos évêques l'ont compris. C'est pourquoi, dans les nombreuses suppliques déposées
aux pieds du Pontife romain pour obtenir que notre saint fût

---

[1] Cette édition publiée par la maison Vivès est la plus soignée, la plus complète,
et révisée à l'aide des manuscrits.

élevé au rang des docteurs, ils s'efforcent de montrer d'après ses écrits comment il a été un flambeau éclatant pour tout le peuple chrétien ; ils fouillent dans ses écrits pour retrouver en lui l'énergique défenseur de la foi, le maître éminent de la science, le guide assuré de la piété. Mgr l'évêque de Poitiers, dans sa lettre au Saint-Père, a résumé en cinq titres les droits du saint aux honneurs du doctorat : il fut théologien, controversiste, moraliste, écrivain ascétique et directeur des âmes. Les postulateurs de la cause, obligés d'entrer en plus de détails, ont adopté la classification suivante de ces écrits, dans le sommaire qu'ils en ont présenté à la sacrée congrégation : ouvrages dog-matiques et polémiques, dogmatico-ascétiques, ascétiques, her-méneutiques, écrits de morale, de théologie pastorale, de droit ecclésiastique et de discipline, opuscules divers. L'habile avocat auquel l'évêque d'Annecy et l'ordre de la Visitation ont confié cette grande cause, a suivi cette même classification. Elle lui servait merveilleusement pour mettre en relief les mérites si variés du saint docteur et l'universalité de sa science.

Tout en reconnaissant la justesse de ces divisions, nous croyons pour plus de simplicité pouvoir réduire à trois les titres de saint François au doctorat de l'Église universelle. Nous l'envisagerons comme controversiste, comme ascétique et comme dogmatiste, en comprenant sous ce dernier titre non-seulement l'homme profondément versé dans la connaissance des dogmes de la foi et des conclusions de la scolastique, mais aussi l'inter-prète qui a pénétré le sens mystérieux des divines écritures, et l'évêque qui connaît à fond les droits de l'Église dans son admi-nistration spirituelle.

L'exposition de ces trois titres montrera combien le grand évêque a réalisé en lui l'idéal du docteur tel que le dépeint le Pape Boniface VIII. Il a dissipé les ténèbres de l'erreur ; il a fait fleurir dans l'Église les bonnes mœurs et la vertu ; il a mis en lumière les sens cachés des Écritures et en a résolu les diffi-cultés.

IV

LES CONTROVERSES

AUX PRISES AVEC LE CALVINISME

A-t-on exagéré quand on a dit que, par ses seuls ouvrages de controverse, saint François de Sales mériterait place parmi les docteurs de l'Église ? nous ne le pensons pas.

Il est certain d'abord que parmi les titres aux honneurs liturgiques en doctorat il faut placer la lutte contre les hérésies. Boniface VIII l'a déclaré formellement : *Errorum tenebris profugatis;* après lui, Benoît XIV, et tous les canonistes ont tenu le même langage.

Aussi voyons-nous que tous les anciens docteurs, ceux auxquels l'Église a officiellement conféré ce nom glorieux, ont été de vaillants champions de la foi. Par eux, les monstres de l'erreur, arianisme, nestorianisme, monophysitisme, pélagianisme ont été terrassés, et Dieu voulut qu'au souvenir de chacune de ces hérésies se joignît dans les fastes de l'Église la mémoire d'un des savants défenseurs du dogme catholique.

La Providence ne pouvait oublier cette loi quand, au xvi° siècle, sortit de l'enfer la plus formidable de toutes les erreurs. Elle suscita, il est vrai, contre le protestantisme, des papes tels que saint Pie V, des évêques comme saint Charles Borromée; les glorieux martyrs de Gorcum, de Sigmaringen, sans compter tant d'autres pontifes, prédicateurs et martyrs dont les noms sont inscrits au livre de vie, quoique l'Église n'ait pas enregistré leurs noms dans le catalogue des saints. Mais cela ne suffisait pas ; il fallait des docteurs, ils ne firent pas défaut. Nulle époque ne les vit surgir en si grand nombre. Mais, jusqu'à ce jour, aucun de cette illustre phalange n'avait officiellement reçu des mains de l'Église la palme du doctorat. C'était une lacune dans le calendrier ecclésiastique. Désormais la voilà comblée. Nous honorerons dans la sainte liturgie le docteur suscité particulièrement de Dieu pour confondre le protestantisme. C'est la déclaration expresse de la Sacrée Congrégation des Rites.

Le monde religieux connaît et aime le suave auteur de l'*Introduction à la vie dévote* et des *Lettres spirituelles ;* l'aimable fondateur de l'ordre de la Visitation qu'il a si fortement imprégné de son ineffable douceur. Et l'on se figure volontiers le saint prélat ayant toujours le sourire aux lèvres et les bras ouverts pour accueillir le pécheur repentant. Mais combien de ses admirateurs ignorent que l'agneau plein de mansuétude fut aussi un lion aux griffes puissantes pour déchirer sans pitié les monstres vomis par l'enfer ? Combien ne savent pas qu'il écrivit contre le protestantisme avec une énergie qui ne le cède en rien à celle de saint Augustin frappant à mort les impiétés de Pélage, de Donat, d'Arius et de Manès ?

Et pourtant ses luttes contre l'hérésie sont l'objet de louanges spéciales de la part du siége apostolique. « Dans les conclusions ou livres de controverse écrits par le saint évêque, brillent avec un éclat incontestable une science admirable de la théologie, une méthode excellente, une force irrésistible d'arguments, soit dans la réfutation des hérésies, soit dans la démonstration de la vérité catholique [1]. »

Voilà donc la place de saint François de Sales parmi les docteurs de l'Église. Il est celui que Dieu opposa à l'hérésie du XVIe siècle. Par l'éclat de ses ouvrages, uni à la sainteté de sa vie, il brille d'un éclat incomparable entre les apologistes dont la plume confondit Luther et Calvin. Le saint évêque de Genève a-t-il mérité l'éloge que lui décerne le siége apostolique ? L'exposé des savantes luttes auxquelles il fut mêlé répondra à cette question. Mais, pour bien apprécier sa mission et ses travaux, il faut connaître les conditions de la polémique chrétienne, au moment où il descendit dans la lice.

La Réformé ne fut pas une hérésie comme celles des anciens temps. Les hérésiarques des premiers siècles s'attaquaient à un article isolé du symbôle ; article souvent fondamental et dont le renversement eût amené la chute de tout l'édifice. Pourtant la lutte restait circonscrite en d'étroites limites. Le protestan-

---

[1] Décret du doctorat.

tisme porta infiniment plus loin l'audace ; il s'attaqua d'abord
aux bases de la religion, rejetant la règle vivante de la foi,
l'autorité doctrinale de l'Église ; puis, n'ayant pour boussole que
la raison individuelle, il courut d'écueil en écueil, semant sur sa
route tous les débris des anciennes croyances. Ces procédés de
l'hérésie, inconnus aux siècles précédents, engagèrent la théologie catholique dans des chemins à peine frayés par les Pères,
et en dehors desquels marchait depuis longtemps la scolastique.
Celle-ci en effet ne se mettait presque plus en peine de démontrer
les vérités de la foi. Les Pères avaient accompli cette œuvre. La
scolastique acceptait des mains du Pape et des conciles les définitions toutes formulées, et sur elles, comme sur un fondement
assuré, elle construisait son gigantesque édifice. Car, pour employer la comparaison de saint Thomas, l'architecte ne s'arrête
pas à démontrer les vérités mathématiques qui président à la
disposition de ses plans ; il les reçoit du géomètre comme des
axiomes. Ainsi faisait la théologie alors que tous reconnaissaient
la valeur des définitions de l'Église. Cette méthode était ration-
nelle ; mais elle devint insuffisante le jour où la Réforme remit
en question et la règle de foi, et bon nombre de dogmes définis.

Une sorte de transformation s'opère alors dans les écoles théologiques. En face des négations nouvelles, la scolastique fit une
large part à la positive ; l'histoire, avec ses antiques monuments,
lui vint en aide pour rétablir l'autorité de l'Église, des traditions, et démontrer l'origine divine des croyances catholiques.
Au premier rang des lutteurs qui s'élancèrent dans l'arène bril-
lèrent le savant Eckius, le subtil et docte Cajétan, Fischer,
l'évêque martyr de Rochester, et aussi son bourreau, le théologien couronné de la Grande-Bretagne, Henri VIII, que les passions transformèrent de défenseur de la foi en persécuteur.

C'est alors que l'illustre, mais parfois téméraire, Melchior
Cano traça d'une main sûre la méthode de controverse et composa son admirable traité *de Locis theologicis ;* vrai discours de
la méthode, qui laisse bien loin derrière lui l'œuvre de Descartes.
Le même siècle voyait se succéder les controverses de Stapleton
en Angleterre, le traité d'Alphonse de Castro *Contra hœreses,*
le grand ouvrage du B. Pierre Canisius, *de Corruptelis verbi
divini,* resté malheureusement incomplet, et son savant caté-

chisme ; les grands commentateurs de l'Écriture sainte, Salmeron, Tolet, Maldonat, mêlaient aux explications du texte sacré la réfutation des nouvelles hérésies.

Mais de tous ces grands hommes, celui qui brillait du plus vif éclat était le P. Robert Bellarmin, qu'en récompense de ses travaux le pape Clément VIII honora de la pourpre romaine. Ses controverses sont encore le plus vaste monument érigé par le catholicisme en témoignage de son ancienne foi, la source à laquelle va puiser quiconque entreprend de construire sur le roc immuable l'édifice du dogme catholique, ébranlé par les attaques de la Réforme. La science a progressé, il est vrai, et les citations du célèbre cardinal ne sont pas toutes acceptées par la critique moderne. Son œuvre n'en reste pas moins au premier rang des productions de l'apologétique chrétienne. Les controversistes qui suivirent, le cardinal du Perron, le P. Coton, le P. Bécan et les autres, furent tous ses disciples. Mais sa gloire la plus grande sera d'avoir formé par ses écrits le docteur de l'Église suscité par le Seigneur pour terrasser l'hérésie du XVIe siècle.

V

LE LIVRE DES CONTROVERSES

On était à l'année 1594. Après soixante ans d'oppression sous le joug des Bernois, la belle province du Chablais était rentrée sous la domination des ducs de Savoie. S'ils eussent suivi les instincts de leur piété, ces princes auraient restauré sans délai le culte catholique dans leurs nouveaux domaines. Mais il fallait de la prudence. La persuasion seule pouvait opérer le retour durable de ces populations, si longtemps infectées du venin de l'hérésie. Les ducs laissèrent donc le soin de la conquête spirituelle au zèle de l'évêque de Genève, Claude de Granier. Le pieux prélat, dans un synode diocésain, fit appel à ses prêtres. L'entreprise était rude, humble et pleine de dangers. Les missionnaires auraient à cueillir plus d'épines que de roses. Seul, le prévôt de Genève, saint François de Sales, se sentit le courage d'affronter le péril. Il s'offrit, fut accepté, et, armé de sa confiance en Dieu, portant dans ses minces bagages sa bible et les *Controverses* de Bellarmin, il se mit en route. Thonon était la ville principale de la province ; elle était aussi le quartier général de l'hérésie. Un prêtre catholique n'y pouvait séjourner sans danger ; les tentatives des ministres contre la vie de l'apôtre le prouvèrent bien. François de Sales alla se réfugier dans la forteresse des Allinges, sous la protection du baron d'Hermance, gouverneur de la province. Laissons les historiens retracer le récit des incroyables fatigues qu'il endura, des dangers qu'il courut pour évangéliser ces pauvres égarés, et aussi l'inutilité de ses premiers efforts.

Plusieurs mois s'écoulèrent en vaines tentatives. Le saint prêchait, il réfutait les calomnies dont la foi catholique était l'objet de la part des faux docteurs. Les populations, étonnées que le missionnaire papiste ne prêchât pas l'adoration des images et des saints, l'inutilité de la foi pour le salut et les autres erreurs que nous impute l'hérésie, se demandaient si, dans un but de prosélytisme, il ne faussait pas la doctrine catholique. L'ébranlement allait commencer. Les ministres le sentirent ; afin de prévenir le désastre qu'ils redoutaient, ils proférèrent de terribles menaces contre ceux qui assisteraient aux prédications du prévôt. La terreur qu'ils inspiraient, mais surtout la crainte des cruautés qu'exerceraient les Bernois si la province retombait sous leur tyrannie, firent le vide autour de la chaire du prêtre romain.

Après ses fatigues infructueuses, le saint, chaque soir, gravissait péniblement les sentiers montueux de sa forteresse ; là, appuyé contre le perron qui se voit encore au sommet des Allinges, son regard plongeait sur les plaines verdoyantes qui se déroulent au bord du Léman. Il contemplait tristement cette luxuriante végétation entremêlée aux ruines des clochers et des presbytères. Au loin, il apercevait même, d'un côté, l'ingrate Genève, voluptueusement couchée sur les bords de son lac, endormie dans les délices de la vie et les ombres de l'incrédulité ; de l'autre, Lausanne gracieusement bâtie sur sa riche colline, avec sa belle cathédrale, dont les voûtes, hélas ! ne retentissent plus que des accents de l'hérésie ! Et les yeux de l'apôtre se remplissaient de larmes.

Dieu lui inspira alors la pensée de ses controverses. Sa voix

ne parvenait pas aux oreilles des hérétiques ; peut-être ses prédications écrites sur feuilles volantes tomberaient sous leurs yeux
et leur porteraient la vérité qu'ils fuyaient. Le jeune missionnaire, il avait alors vingt-sept ans, se mit donc à l'œuvre. Le
jour il continuait à parcourir les bourgades, semant au hasard le
bon grain ; le soir il se réfugiait au pied de l'autel, dans cette
chapelle solitaire où de nos jours les pèlerins viennent recueillir
les échos lointains de sa prière. Là il faisait monter vers Dieu
ses supplications ; puis il méditait, il relisait sa bible et les
Controverses de Bellarmin ; il allait ensuite écrire ses discours
substantiels, concis, vigoureux d'argumentation. Et le matin,
les Thononais voyaient affichés sur leurs murs les enseignements auxquels ils avaient fermé l'oreille.

Ainsi fut composé le *Traité des controverses ;* traité longtemps
oublié, retrouvé comme par miracle dans les archives du château
de la Thuille, l'an 1658, par le neveu et successeur du grand
évêque, Charles-Auguste de Sales. Cet ouvrage trop peu connu
de nos jours obtint pourtant, dans le procès de canonisation, les
suffrages unanimes des examinateurs apostoliques. Et certes il
en était digne, par la largeur du plan, le magnifique enchaînement des vérités dont il entreprend la défense, la force du raisonnement et la beauté de la forme. Rien de plus complet, rien
de plus approprié aux besoins de la controverse de l'époque. En
quatre livres, le saint démontre la naissance illégitime des sectes
dites réformées et le crime qu'elles ont commis en se séparant
sans raison de l'ancienne Église ; puis, que le protestantisme,
malgré ses exagérations sur l'efficacité de la foi, a ruiné cette
vertu en altérant ses sources premières, c'est-à-dire l'Écriture
et la tradition ; que la Réforme, révoltée contre le pape et
l'Église, s'est privée de toute règle authentique de foi, et s'est
précipitée dans toutes les erreurs ; enfin, acceptant les armes
que lui offrent les adversaires, c'est-à-dire les seules Écritures,
et encore les Écritures tronquées, le vaillant athlète poursuit
une à une les erreurs particulières du protestantisme. Ce plan,
on le voit, embrasse tout.

Le saint attaque en premier lieu les origines de la Réforme.
De quel droit Luther et Calvin ont-ils fondé leurs Églises en
opposition avec l'Église romaine ? Pour légitimer une telle en-

treprise et la couvrir du nom de la divinité, il fallait une mission ; or, cette mission, les hérésiarques ne l'ont pas eue. Et le saint, parcourant les divers subterfuges des protestants, prouve qu'ils ne reçurent mission ni du peuple, ni des princes, ni des évêques. L'ont-ils du moins reçue de Dieu? Non. Car Jésus-Christ a constitué son Église indéfectible, par conséquent avec une succession jamais interrompue, une visibilité que personne ne pouvait obscurcir. Il se serait donc mis en contradiction avec lui-même, s'il eût envoyé des apôtres pour substituer une nouvelle Église à la première. Puis, si Dieu avait envoyé Luther et Calvin, il leur aurait donné également les marques de sa mission. Mais où sont les miracles et les prophéties des chefs de la Réforme? Criminels furent donc les auteurs de la révolte ; mais inexcusables sont aussi ceux qui ont suivi de prétendus messagers de Dieu, qui ne donnaient aucun témoignage de leur mission. Ainsi conclut cette première partie.

Tombés dans le schisme, les réformateurs ont-ils du moins sauvegardé la foi? Non ; car ils en ont d'abord altéré les sources et détruit les règles. Ici commence la seconde partie. Le saint apologiste montre comment, entre les mains des réformés, a été violé le dépôt des Écritures. Par quels motifs ont-ils retranché des livres entiers que vénéra toute l'antiquité, qui firent toujours partie du canon des juifs, aussi bien que de celui de la primitive Église? De quel droit Calvin efface-t-il du catalogue des saints livres ceux que Luther y avait maintenus ? Partout l'arbitraire dans le choix des livres sacrés.

L'arbitraire aussi dans leur interprétation et dans les versions que chaque jour voyait éclore au sein de la Réforme. La foi n'était-elle pas ainsi livrée à tous les caprices, puisque, dans la théorie protestante, elle repose uniquement sur les véritables Écritures et leur légitime interprétation ?

L'Église catholique admit toujours, à côté des Écritures, les traditions apostoliques. Car Jésus-Christ, au témoignage même de nos livres sacrés, n'a pas renfermé sa doctrine dans les seules Écritures. Or, ces traditions qui sont, elles aussi, les règles de notre foi, le protestantisme les a rejetées. Sans traditions et avec une Bible mutilée et un canon des Écritures toujours variable, sur quel fondement repose donc la foi?

Mais les Écritures demandent un interprète autorisé ; il faut, de plus, un juge vivant qui discerne entre les vraies et les fausses traditions. Nous, catholiques, nous reconnaissons cet interprète et ce juge toujours présent. Nous avons le vicaire de Jésus-Christ, le maître infaillible de la foi ; nous avons l'Église avec ses conciles, ses évêques, ses Pères, ses docteurs ; l'Église, qui se montre à nous avec les notes distinctives de la véritable épouse de Jésus-Christ et dont les enseignements nous protégent contre toute erreur.

Le pape et l'Église, voilà donc les règles secondes de foi, celles que notre saint appelle les règles d'application ; expression pleine de justesse, car la révélation étant close avec le siècle des apôtres, la foi est toute renfermée dans les enseignements apostoliques, écrits ou transmis de vive voix, c'est-à-dire dans les Écritures et les traditions. Ce sont les règles proprement dites de la foi. Mais le pape et les évêques ont mission de faire connaître ces règles, de les appliquer à la croyance des fidèles, en les transmettant et en les interprétant authentiquement. Ils en sont les dépositaires intelligents et autorisés.

La troisième partie des *Controverses* est toute consacrée à ces règles d'application.

En écrivant ces pages, saint François de Sales composait, presque à son insu, un magnifique traité de l'Église, et surtout de la monarchie pontificale ; il méritait les éloges que devait lui décerner, après deux cents ans, le siége apostolique. « Il a fait preuve, dans le livre des *Controverses*, d'une science admirable, d'une méthode excellente, d'une vigueur irrésistible d'argumentation, principalement lorsqu'il établit l'autorité du pontife romain, sa primauté de juridiction et son infaillibilité ; vérités qu'il a défendues avec tant de science et de force qu'il semble avoir préludé aux définitions du concile du Vatican. »

Éloge bien mérité, dont la vérité est manifestée quand on met en regard la constitution *Pastor æternus* du dernier concile et les premiers discours de la troisième partie des *Controverses*, complétés par le magnifique sermon de la fête de saint Pierre. Comme les évêques du Vatican, le saint Docteur démontre par des preuves invincibles la suprématie de Pierre sur le collége apostolique, la succession perpétuelle de sa primauté sur le siége de Rome, et l'étendue de la juridiction pontificale sur l'Église universelle, avec le droit d'enseigner et le privilége de l'infaillibilité.

Cette dernière prérogative est surtout approfondie dans le livre des *Controverses*. Quand il s'agissait des fondements de la foi, ne fallait-il pas insister sur la nature du magistère confié par Jésus-Christ au siége apostolique?

Mais voilà qu'en combattant les erreurs du protestantisme, saint François de Sales renversait d'avance les faussetés du gallicanisme. Cette erreur existait déjà, en germe du moins, dans les écrits de Gerson et des autres théologiens des conciles de Constance et de Bâle. Elle avait survécu aux troubles du grand schisme et s'était propagée sourdement au sein des universités. Le temps arrivait où Richer et ses disciples, soutenus par les parlements, allaient la populariser, en attendant que Bossuet la couvrît de son grand nom. Au milieu des nuages qui, de son temps, voilaient encore cette vérité capitale, le saint prévôt de Genève l'avait vue dans toute sa clarté. Il comprit dans leur plénitude les droits du siége apostolique et les défendit avec une netteté que ne dépassa pas l'illustre Bellarmin lui-même. Sa doctrine de l'infaillibilité ressort de l'ensemble de ses écrits ; le mot lui-même s'y trouve.

Saint Pierre, disait-il, a été établi confirmateur de ses frères ; c'était une fonction nécessaire à l'unité de l'Église. « Je vous prie, ajoutait-il, si les apostres, à l'entendement desquels le Saint-Esprit esclairoit de si prez, si fermes et puissans, avoyent besoin de confirmateur et de pasteur pour la fermeté de leur union, combien plus maintenant l'Église en a nécessité quand il y a tant d'infirmités et faiblesses ès membres de l'Église [1] ? » L'Église est donc « une monarchie, en laquelle un chef ministérial [2] gouverne tout le reste. Ce n'a donc pas esté

[1] Disc. 36, t. VIII, p. 395-396, édit. Vivès.

[2] Le jansénisme aimait à appeler le pape chef ministériel de l'Église : *Caput ministeriale*. Le Saint-Siége, dans la bulle *Auctorem fidei*, a condamné cette qualification et l'erreur dont elle était l'expression. C'est que les sectaires, rapportant toute la puissance ecclésiastique au corps des fidèles, ne voyaient dans le pape que le délégué du peuple. Voilà en quel sens ils l'appelaient chef ministériel. Quand saint François de Sales dit que le pape est *chef ministérial*, il ne fait pas de l'Église une société démocratique déléguantses pouvoirs à un premier magistrat ; mais il exprime les rapports du pape avec le chef principal et invisible qui est Jésus-Christ. Le pontife romain est son vicaire ou son ministre. — En ce sens, l'expression est parfaitement juste.

saint Pierre seulement qui en a esté le chef; mais faut que comme l'Église n'a pas manqué par la mort de saint Pierre, ainsy l'autorité d'un chef n'a pas manqué ; autrement elle ne seroit pas une, ni au train auquel son fondateur l'avait mise. »

Or, parmi les prérogatives de cette haute dignité, la plus nécessaire était l'infaillibilité. Écoutons le saint Docteur : « Donc ce qu'il (saint Pierre) disoit et déterminoit ne pouvoit être faux. Et de vray, si le confirmateur fut tumbé, tout le reste fut-il pas tumbé?... Si que Nostre Seigneur donnant l'autorité et commandement à saint Pierre de confirmer les autres, il luy a quant et quant donné le pouvoir et les moyens de ce faire ; autrement pour néant luy eut-il commandé choses impossibles. Or, les moyens nécessaires pour confirmer les autres et rassurer les foibles, c'est de n'estre point sujet à la foiblesse soi-même; mais d'estre solide et ferme comme une vraye pierre et un rocher. Tel estoit saint Pierre en tant que pasteur général et gouverneur de l'Église. » Pouvait-on mieux caractériser les priviléges accordés au prince des apôtres pour le gouvernement du peuple fidèle ? Puisque le droit d'enseigner, et l'infaillibilité qui lui est attachée, appartient à saint Pierre en qualité de chef et de pasteur universel, il fallait donc qu'ils se transmissent à ses successeurs. Et telle est la conclusion claire que tire notre saint docteur : « L'Église ne peut pas tous-jours estre ramassée en un concile général, et les trois premières centaines d'années il ne s'en fit point. Ez difficultés doncques qui surviennent journellement, à qui se pourroit-on mieux adresser, de qui pourroit-on prendre loy plus asseurée, règle plus certaine que du chef général et du vicaire de Nostre Seigneur ? Or, tout cecy n'a pas seulement lieu en saint Pierre, mais en ses successeurs. Car la cause demeurant, l'effect demeure encore. L'Église a toujours besoin d'un *confirmateur infaillible* auquel on puisse s'adresser, d'un fondement que les portes de l'enfer ne puissent renverser, et que son pasteur ne puisse conduire à l'erreur ses enfans. Les successeurs doncques de saint Pierre ont tous ces mesmes priviléges, qui ne suivent pas la personne, mais la dignité et la charge publique... Ainsy donc le suprême pasteur de l'Église nous est juge compétent et suffisant en toutes nos plus

grandes difficultés [1]. » Le crime capital protestantisme était du
la négation du pouvoir monarchique du pontife romain. Le docteur suscité par le ciel contre l'hérésie de Calvin fut le défenseur le plus dévoué de la royauté pontificale et de la plénitude
de son autorité [2].

C'est ainsi que dans les trois premières parties du livre des
Controverses, saint François de Sales sapé par la base les doctrines de la Réforme. Luther et Calvin sont convaincus d'avoir
fondé leur secte sans mission légitime et détruit les règles de la

[1] Disc. 40, p. 412, 413, édit. Vivès.
Par quelle maladresse les éditeurs du siècle dernier avaient-ils dans ce passage
substitué le mot *permanent* à celui d'*infaillible*. Tuja, le premier, en 1710, se per-
mit cette absurde falsification. Est-ce que l'infaillibilité pontificale ne ressortait pas
de tout l'ensemble du discours, quand même l'épithète eût manqué ? Puis, ne pouvait-on pas prévoir le jour où le véritable texte serait rétabli, puisque l'on possédait
les manuscrits du saint ? Ce jour est arrivé quand M. Vivès, voulant donner une édition plus correcte des œuvres de saint François de Sales, fit compulser les manuscrits de la bibliothèque Chigi. Les cahiers écrits de la main du saint évêque s'y
trouvaient. C'était un présent de l'Ordre de la Visitation au pape Alexandre VII,
grand admirateur de leur fondateur, celui qui avait inscrit son nom au catalogue
des saints. Cette page fut photographiée, pendant qu'au sein du concile se débattait
la question de l'infaillibilité et offerte à tous les Pères comme le suffrage d'un des
témoins les plus autorisés de la tradition catholique. Dans les actes manuscrits du
procès de canonisation, conservés au monastère de la Visitation d'Annecy, on lit
aussi en termes formels : *La Chiesa a sempre bisogno d'un confirmatore infalli-
bile.* Du reste, le mot *infaillible* avait déjà été rétabli, d'après les premières éditions,
dans celle que publia l'abbé Migne, en 1861.
Les passages que nous avons cités montrent en quel sens le saint docteur enten-
dait le privilége de l'infaillibilité. Ce n'était pas certainement celui qu'inventa le
gallicanisme aux abois, d'après lequel le Pape ne peut errer, à condition de consul-
ter le corps des pasteurs et de prononcer conformément à leur avis. Saint François
de Sales, avant le concile, enseigna ouvertement que les jugements du siége apostolique sont irréformables, et par conséquent infaillibles, par eux-mêmes, et non
en vertu du consentement de l'Église.
[2] Le dernier historien de Port-Royal, Sainte-Beuve, raconte sérieusement une con-
versation entre l'évêque de Genève et la *grande* Angélique, abbesse du saint monastère. Le pieux prélat, oubliant un peu sa prudence ordinaire, se serait laissé aller à
de singulières confidences. Après maints gémissements sur les désordres de la cour
de Rome, il aurait ajouté : «Les conciles œcuméniques devraient réformer la tête et
les membres étant certainement par dessus le pape. » (T. I, p. 211.) Entre le texte
écrit du saint docteur, et les dires de la mère Angélique, transmis par le janséniste
Antoine Lemaître, passant par les *Mémoires pour servir à l'Histoire de Port-
Royal*, notre choix est bientôt fait. Saint François de Sales enseignant l'hérésie con-
damnée par le concile du Vatican, de la supériorité du concile sur le pape ! Du reste,
le spirituel historien s'est bien, lui aussi, défié du témoignage janséniste, et « il est
à croire, ajoute-t-il, que les paroles de saint François de Sales à la mère Angélique
ne furent éclaircies pour elle en ce sens formel que par la suite, et lors de la direction de M. de Saint-Cyran. » Plaisante manière de couvrir une falsification.

foi. La quatrième partie va réfuter une à une les autres erreurs qu'enfanta le mépris de l'autorité religieuse. Il fallait ici combattre les novateurs avec leurs propres armes ; laisser de côté les traditions qu'ils rejetaient injustement ; ne prendre des saintes Écritures que les livres reçus par eux comme canoniques, et avec ces seuls documents les convaincre de fausseté. Cette méthode, employée par les apologistes du catholicisme aux prises avec les protestants, fut aussi celle de saint François de Sales dans la suite de ses *Controverses*. Il le déclare expressément dans l'épître dédicatoire aux Messieurs de Thonon, en tête de la quatrième partie. « Mais, me direz-vous, ils protestent de ne rien prononcer, ni avancer qui ne soit en la pure, simple et naïfve parole de Dieu. Je répons que vous ne deviez pas croire si légèrement ; si vous eussiés estés bien advisés en vos affaires, vous eussiés reconnu que ce n'estoit pas la parole de Dieu qu'ils vous proposoyent, mais leurs propres conceptions voylées des motz de l'Escriture, et vous eussiés bien tost remarqué que jamais un si riche habit ne fut fait pour couvrir un si vilain corps comme est celuy de l'hérésie... Les ministres ne veulent nous combattre qu'avec l'Escriture, j'y consens ; ilz ne veulent de l'Escriture que la partie qui leur plaist, je m'y accorde. Au bout de tout cela, je dis que la créance catholique l'emporte de tout poinct, par ce qu'elle a plus de passages pour sa doctrine que l'opinion contraire, et que ceux qu'elle produit sont plus clairs, plus purs, plus simples, plus raisonnables et mieux interprétés. » (Disc. 68.)

Telles sont les armes du combat. En voici l'objet : les sacrements en général, en particulier ceux de l'eucharistie, de la confession et du mariage ; l'honneur et l'invocation des saints ; la légitimité et la convenance des cérémonies de la religion ; la puissance de l'Église ; le mérite des bonnes œuvres et la justification ; le Purgatoire. C'étaient les principaux points de la révélation chrétienne faussés par le protestantisme ; non pas tous, car, disait le saint, « de montrer cecy (la fausseté des doctrines de la secte) par le menu, ce ne serait jamais fait ; il suffira, ce me semble, de le montrer en quelques principaux articles, et avec le secours de Dieu. » (Disc. 68, p. 519.)

Malheureusement le programme n'est pas rempli en entier,

ou pour mieux dire, il est resté presque à l'état de projet. Quelques discours abrégés, de simples notes sur les sacrements en général, et un traité assez développé du purgatoire, voilà tout ce que nous avons de la quatrième partie des *Controverses*. Le saint, apôtre a-t-il été empêché par ses travaux de compléter son œuvre ? Ou bien le manuscrit des autres discours s'est-il égaré ? Nous ne le savons pas ; quoique la première hypothèse nous semble la plus vraisemblable [1].

VI

LE COMPLÉMENT DES CONTROVERSES

Mais si nous regrettons dans le livre des *Controverses* les lacunes que nous venons de signaler, les œuvres complètes du saint nous donnent en maints endroits le complément désiré. Groupés avec méthode, ils renfermeraient l'entière réfutation des erreurs de la Réforme.

Le protestatisme, en effet, niait la légitimité du culte rendu par les catholiques aux saintes images ; et cette erreur est savamment combattue dans le magnifique traité de l'*Étendard de la Croix*. Ce livre, tout de la main du saint, appartient à l'époque de son apostolat d'Annemasse. Avant l'invasion du calvinisme, cette ville possédait, sur une place publique, un crucifix célèbre par la dévotion du peuple : les nouveaux iconoclastes l'avaient abattu ; mais la place continuait à porter le nom de la Sainte-Croix. Quand, par les merveilles de son zèle, le prévôt de Genève eut ramené dans cette ville le culte catholique, il releva l'image du Dieu mourant, non sans provoquer l'indignation et les fureurs

---

[1] Quiconque est au courant de la bibliographie de saint François de Sales sait en quel état fut retrouvé le livre des *Controverses*. Douze cahiers étaient de la main du grand évêque ; trois autres, d'une main étrangère, portaient des annotations et des corrections du saint. Il est possible que plusieurs cahiers aient été perdus ; mais non le grand nombre qu'auraient exigé les questions annoncées dans l'épître dédicatoire. Il est donc probable que l'ouvrage est resté inachevé ; conjecture d'autant mieux fondée, que plus on avance vers la fin du livre, plus nombreux sont les discours simplement ébauchés. Quelques fragments du traité du Souverain Pontife, omis même dans l'édition Vivès, ont été publiés dans les actes du doctorat. Ils seront rétablis dans l'édition complète des *Œuvres* du saint docteur que prépare, dit-on, l'ordre de la Visitation.

de la Réforme. La Faye, ministre de Genève, se fit l'interprète des colères protestantes ; il commit l'imprudence d'écrire contre les honneurs rendus à la croix. La réponse ne se fit pas attendre, réponse victorieuse, dans laquelle le saint apologiste, armé des seules Écritures, de la tradition des siècles d'or du christianisme et des lumières du bon sens, démontre que la croix est digne de tous nos respects ; qu'on peut et qu'on doit l'honorer par des représentations sensibles ; il prouve l'antiquité et la sainteté du signe de la croix, et termine en expliquant avec une admirable clarté la nature du culte relatif rendu par les fidèles aux images de la croix.

Toute cette doctrine s'applique évidemment aux honneurs dont nous entourons les reliques et les images des saints, en supposant que les saints aient droit eux aussi aux honneurs religieux. Encore une thèse niée par la Réforme, et que le saint a exposée et démontrée avec toute la lucidité désirable dans son premier sermon de la Toussaint.

Durant son apostolat du Chablais, saint François de Sales écrivit encore un traité *de la Démonomanie* ou *des Énergumènes*. Dieu lui avait donné pouvoir de chasser les démons du corps des possédés ; ceux-ci étaient nombreux alors, surtout dans cette province. Jaloux de l'influence qu'attirait au prédicateur papiste ce pouvoir surnaturel, les ministres, comme d'ordinaire, s'armèrent de la calomnie. Les uns, instruits à l'école des pharisiens, prétendaient que l'apôtre chassait les démons en vertu de la magie ; d'autres l'accusaient de tromper les simples par d'indignes supercheries ; les plus osés allaient jusqu'à nier en thèse générale l'existence des mauvais esprits et la possibilité des possessions. Le saint missionnaire combattit ces erreurs, dans un écrit que nous ne possédons plus, et dont son biographe, Charles-Auguste de Sales, nous a conservé une courte analyse, ou plutôt la table sommaire[1].

Plus heureux en ce qui concerne l'eucharistie, nous possédons d'importants traités de controverse sur cet auguste sacrement. Ce sont d'abord les trois sermons sur la présence réelle, vrai supplément des *Controverses ;* c'est ensuite une dissertation latine

---

[1] *Histoire de saint François de Sales,* l. III, p. 168, édit. Vivès.

inédite, ayant pour titre : *Dissertation contre les hérétiques sur la réalité du corps de Jésus-Christ dans l'eucharistie.* C'est enfin la réponse aux attaques du ministre Viret, intitulée : *Considération sur le Symbole des apôtres.* Voici à quelle occasion fut composé ce dernier opuscule. Grâce au zèle de l'apôtre, la messe se célébrait enfin publiquement à Thonon. Le prédicant irrité attaqua la foi des chrétiens touchant le sacrifice des autels et la présence réelle de Jésus-Christ dans l'eucharistie. Au dogme chrétien il opposait l'autorité des Écritures et, comme il disait, l'analogie de la foi ; c'est-à-dire l'incompatibilité entre les articles du Symbole et la croyance à la messe et à la présence réelle. Les protestants d'alors croyaient encore au Symbole des apôtres. L'hérésie a fait des progrès. Aujourd'hui les luthériens d'Allemagne, aussi bien que les calvinistes de France, rejettent cette formule vieillie, inconciliable avec les découvertes de la science ! Mais les Églises protestantes l'admettaient à la fin du XVI{^e} siècle, et le ministre Viret eut l'imprudence de transporter la dispute sur ce terrain.

Saint François de Sales releva le gant, heureux de se mesurer avec un adversaire qui l'avait souvent provoqué, mais qui s'était toujours dérobé au moment de commencer le combat. Viret espérait-il plus de succès dans une dispute écrite que dans des conférences orales ? Il expia cruellement son audace ; les vicissitudes de la lutte l'entraînèrent plus loin qu'il ne voulait.

La première réponse de saint François de Sales unit la force du raisonnement aux plus suaves ménagements de la charité chrétienne. Le nom de l'agresseur n'est pas même prononcé ; si l'histoire n'était là pour nous dire à quelle occasion fut composée la *Considération sur le Symbole des apôtres,* on croirait lire un simple opuscule de piété. Et de fait, c'est parmi les traités ascétiques qu'elle a été placée par les éditeurs [1]. Le saint, parcourant chacun des articles du Symbole, en prend occasion de rappeler quelqu'une des merveilles de l'auguste sacrement et mêle avec une onction toute céleste les accents de la foi aux élans de la piété.

Cet ouvrage, si adouci dans la forme, attisa pourtant le feu de

____

[1] T. III, édit. Vivès.

la dispute ; il porta la lutte sur un nouveau terrain. « Vostre corps
a esté fait outre tout ordre naturel, et est né d'une vierge : » ainsi
s'exprimait le saint, appuyant le miracle de la transsubstantiation
sur celui de l'enfantement virginal. Grand scandale pour le ministre. Il cria au blasphème et nia que la mère du Sauveur eût
conservé intacte sa virginité, quand elle mit au monde le Fils
de Dieu. Savait-il qu'il renouvelait, au xvie siècle, l'erreur de
Jovinien, si vigoureusement réfutée au ve par saint Jérôme ?
Belle occasion pour le dévot serviteur de Marie de prendre la
défense de l'auguste Vierge ; il le fit en deux dissertations encore
inédites, mais que l'on conserve précieusement dans les archives
de la Visitation d'Annecy. Espérons qu'elles seront bientôt publiées et unies à la *Défense de la salutation angélique* dont
nous ne possédons qu'un fragment [1].

Parmi les questions les plus importantes de la controverse protestante se place celle de la justification par la foi et les bonnes
œuvres. Elle n'avait pas échappé à la sollicitude du nouveau
docteur ; car, sans parler des sermons ou des lettres où il était
amené comme naturellement à traiter ce sujet, il existe une lettre
de lui, encore inédite, conservée dans les archives d'Annecy,
toute consacrée à prouver que s'il faut croire pour se sauver, il
n'est pas moins nécessaire d'opérer le bien.

Cet ensemble de polémiques contre le protestantisme a été
merveilleusement résumé par le saint lui-même dans une des plus
belles pages que possède la théologie catholique. Elle est restée
malheureusement enfouie dans un ouvrage qui ne porte pas son
nom, mais celui de son ami, le président Antoine Fabre. Ce savant jurisconsulte, préparant le commentaire des lois de son
pays, connu sous le nom de *Codex fabrianus*, désira mettre
en tête l'exposé des hérésies contre lesquelles devait s'exercer
la vigilance du magistrat. Car le pieux président ne pensait pas
qu'il fût permis au prince chrétien de laisser champ libre à l'hérésie. Il n'osa pas pourtant se hasarder sur le terrain de la controverse théologique ; il recourut au zèle et à la science de son
saint ami, de son « doux frère, » comme il aimait à le nommer.
François de Sales répondit à ses désirs en lui envoyant un

---

[1] *Œuvres complètes*, t. V, p. 415-418.

opuscule d'environ trente pages *in-folio*, intitulé : *Titulus primus : de Summa Trinitate et fide catholica* [1]. Vrai chef-d'œuvre qui, dans une série de courts paragraphes, présente l'exposé complet de l'erreur protestante, de la vérité contraire avec sa démonstration propre. Là, pas une parole qui ne porte coup. On croirait lire des articles de la *Somme* de saint Thomas. Le docteur angélique écrivit-il jamais plus belle page que celle de saint François de Sales sur le sacrifice de la messe ou sur la Trinité ?

Dans cette composition, le saint évêque ne voudrait pas trahir son ami. Fidèle à son rôle de jurisconsulte, il s'excuse parfois de ne pas suivre jusqu'au bout les sophismes des hérétiques, lui étranger à la théologie. Mais il a beau se cacher ; le maître de la science sacrée apparaît à chaque ligne. Seule, la conclusion n'est pas de notre saint docteur. Là, le cœur du vénérable magistrat s'est épanché à son aise. La splendide introduction que lui avait fournie son savant collaborateur, il la paie par les éloges les mieux mérités de son évêque ; c'est une page qui vaut à elle seule tout un panégyrique. Il se garda bien sans doute de la montrer à « son doux frère ; » l'humilité l'emportant sur l'amitié, celui-ci aurait bien pu lui retirer le prêt qu'il lui faisait. Quant à nous, nous souhaitons que ce beau travail, extrait des œuvres du jurisconsulte savoisien, prenne place désormais dans les œuvres du grand évêque, à côté de ses *Controverses*.

La Sacrée Congrégation des Rites n'a-t-elle donc pas raison de louer en saint François de Sales la science admirable de la théologie dont il fait preuve dans ses livres de polémique ? *In selectis conclusionibus, seu controversiarum libris quos sanctus episcopus conscripsit, manifeste elucet mira rei theologicæ scientia.*

On dira peut-être que saint François de Sales manque d'originalité dans ses ouvrages contre les protestants ; qu'il suit pas

---

[1] Que ce titre premier soit de saint François de Sales, c'est une vérité hors de doute. La similitude des matières, des arguments, de la méthode, indique qu'il a avec les *Controverses* une origine commune. De plus, dans plusieurs lettres, le président prie le saint évêque de lui envoyer son travail et se félicite de sa collaboration.

à pas les apologistes ses devanciers, notamment Bellarmin et Sanderus. Le saint lui-même s'en est-il caché[1]? Donc, tout en reconnaissant la science du livre des *Controverses*, c'est moins à lui qu'à ces célèbres docteurs qu'en revient la gloire. C'est une des principales difficultés qu'a soulevées le promoteur de la foi dans le procès du doctorat.

En vérité, la réponse n'était pas difficile. On ne pouvait exiger qu'après un demi-siècle et plus de controverse entre catholiques et protestants, le nouvel apologiste apportât de nouveaux arguments ; encore moins lui reprocherait-on l'usage qu'il a fait des travaux de ses devanciers. Mais la gloire des Bonaventure et des Thomas d'Aquin est-elle amoindrie parce qu'avant eux Albert le Grand et Alexandre de Halès avaient par leurs leçons et leurs écrits recueilli les matériaux et frayé la voie à ces princes de la scolastique ? La vérité ne s'invente pas ; une fois découverte elle est du domaine public ; se l'approprier et l'utiliser en l'appliquant aux besoins du moment, en la revêtant d'une forme plus saisissante, c'est tout ce que l'on peut attendre des nouveaux venus ; mais quand cette œuvre est accomplie dans un haut degré de perfection, elle donne droit à siéger parmi les maîtres de la science.

C'est là que fut le mérite de saint François de Sales. Les livres de Bellarmin étaient un arsenal. Le saint apôtre tira un merveilleux profit des armes préparées par le savant cardinal ; il les appropria aux besoins particuliers de la dispute contre les calvinistes des provinces alpestres et du royaume de France. Non-seulement parmi les innombrables objections dont la réfutation se lit dans Bellarmin il choisit celles qui répondaient le mieux aux erreurs de Genève, mais de plus, en lui empruntant ses arguments, il les dégagea de l'appareil scientifique trop pesant pour le genre de guerre qu'il avait à soutenir ; et par la rapidité de la marche, la vigueur du raisonnement, la lucidité de l'exposition il rendit palpable pour tous la fausseté de la doctrine calviniste. C'est l'éloge que lui décerne la Congrégation des Rites. Avec l'étendue et la profondeur de sa science, elle loue l'excellence de sa méthode et la force de son argumentation :

---

[1] Discours 42, 43.

Mira rei theologicæ scientia, concinna methodus, ineluctabilis argumentorum vis, tum in refutandis hæresibus, tum in demonstratione catholicæ fidei.

C'est qu'en réalité nous avons dans les œuvres de saint François de Sales un parfait modèle de l'art du polémiste. N'y cherchez pas les fleurs qui semblent naître d'elles-mêmes sous la plume du gracieux évêque de Genève. L'apologiste de Thonon va droit au but ; les mains pleines de textes de l'Écriture, il les répand à profusion, mais sans prodigalité ; il les interprète brièvement et vigoureusement ; son langage a cette concision, ce nerf qui semble la propriété exclusive de l'évêque de Meaux ; et n'étaient quelques expressions surannées, et les longues phrases du temps, on croirait lire des pages de Bossuet, avec son grand style où tout mot porte.

Mais si elles sont vives et pressantes, les controverses respirent partout la charité la plus tendre. Elles furent méditées au pied du crucifix, devant le tabernacle, témoin des labeurs nocturnes du saint apôtre aussi bien que de ses prières. Ce n'est pas le batailleur qui provoque sans cesse son adversaire, et triomphe quand il l'a couvert de confusion. C'est le père rempli de sagesse et d'amour, qui pleure son fils égaré et veut à tout prix le ramener à son foyer. La raison et le cœur s'unissent pour convaincre et persuader ; cette main paternelle ne maniera la verge que lorsque, la persuasion demeurant impuissante, il n'y a plus d'espoir de ramener le pécheur, sinon par une miséricordieuse sévérité. « Jamais, disait notre saint, je ne me suis servi de répliques piquantes ou de paroles contre la douceur que je ne m'en sois repenti. Les hommes se gagnent par l'amour plus que par la rigueur. Nous ne devons pas seulement être bon, mais très-bon [1]. » Et de fait, son genre de polémique contraste singulièrement avec celui de ses contemporains. Les disputes publiques de religion étaient piquantes alors. Aux prises avec les ministres protestants, les Richeome, les Coton, les Armand, les du Perron, faisaient valoir avec véhémence les droits de la vérité ; aux injures des prédicants ils répondaient parfois par des âpretés de langage, que justifient peut-être les insolences de

---

[1] *Vie de saint François de Sales*, par M. Hamon, t. 1, p. 201.

leurs adversaires, mais qui nous étonnent aujourd'hui. Rien de pareil en saint François de Sales. Aussi gagnait-il les âmes, et c'était un proverbe bien connu, que le cardinal du Perron avait le don de convaincre les hérétiques, mais que pour les convertir il fallait Mgr de Genève.

Ne mettons pas cependant le doux François de Sales au nombre de ces modérés, si nombreux de nos jours, qui saluent avec respect toutes les convictions, celle de l'athée, celle du déiste, comme celle du vrai catholique. Le saint docteur savait qu'il est des crimes de l'intelligence, comme il en est de la volonté ; et s'il ménageait les victimes de l'erreur, celles que l'entraînement avait jetées dans les filets de l'hérésie, il flagellait rudement les docteurs du mensonge. Sans ménagement, il dénonce leurs raisonnements comme des mensonges, des absurdités ; il appelle les ministres des endurcis et des opiniâtres ; il les compare à Absalon révolté contre son père ; Luther, Calvin et les autres coryphées de la Réforme sont des corrupteurs des Écritures ; les prédications des ministres sont des menteries ; euxmêmes sont les ministres de Satan, ils en sont la semence et la race. Comme il se raille de Marot, de sa traduction des psaumes et de ceux qui les chantent ! « Oh ! que vous êtes glorieux de pouvoir psalmodier et chanter ces poésies françaises admirablement marotées ! » Il relève ensuite une grosse erreur qui s'est glissée dans cette traduction, et il continue : « Voyez-vous comme ces gens-là vous font avaler le poison de l'arianisme en chantant cette rimaillerie ! » Nous en pourrions ajouter bien d'autres. Que diront nos délicats du xixᵉ siècle ?

C'est que saint François de Sales reconnaissait à tout cœur honnête le droit de faire éclater son indignation quand il voyait les agents de l'enfer semer l'ivraie dans le champ de l'Église. « Comme, disait-il, pourroit une bonne âme s'empêcher de donner cours à l'ardeur d'un saint zèle, et d'entrer en une chrestienne colère, sans pécher, considérant avec quelle témérité ceux qui ne font que crier : l'Écriture, l'Écriture, ont méprisé, avili et profané le divin testament du Père éternel ! » (*Controv.*, Disc. xxiii, p. 332.) Plus tard, dans son *Introduction à la vie dévote*, il disait encore : « J'excepte de ceux dont il est défendu de médire les personnes qui corrompent l'esprit public, comme font les hérésies et les chefs d'icelles : c'est charité de crier au loup quand il est dans la bergerie ; voire où qu'il soit. » (Chap. de la *Médisance).* Ainsi l'avette de Thorens cueillait le suc des fleurs et distillait son miel, mais au besoin elle enfonçait son dard dans la main assez téméraire pour secouer la ruche.

VII

LA POLITIQUE CHRÉTIENNE

Le protestantisme ne s'est pas borné à infecter quelques provinces et à former des sectes ouvertement révoltées contre l'autorité de l'Église. Comme tout foyer de corruption, il a souillé de ses miasmes même les contrées qu'il n'avait pas envahies ; et ses influences, gagnant de proche en proche, ont produit leurs effets jusqu'au sein du catholicisme. Du protestantisme est né le libéralisme contemporain, dernière expression du libre examen. Le libéralisme, adoucissant ses formes, a enfanté le catholicisme libéral, qui méconnaît les droits publics de Jésus-Christ et de son Église.

Saint François de Sales n'eut pas à combattre directement cette erreur ; elle n'existait encore qu'en germe ; car, dans la pratique, la Réforme elle-même n'était rien moins que libérale. Et pourtant, le saint évêque, dans ses écrits d'administration pastorale, a tracé d'une main ferme les règles qui président aux rapports de l'Église avec l'État. On a dit qu'il avait formulé par anticipation les définitions du Vatican touchant la monarchie pontificale ; n'aurait-on pas pu ajouter qu'il a aussi, deux siècles d'avance, soutenu et appliqué les vérités dont naguère le pontife romain dans le *Syllabus* prenait la défense contre l'erreur du jour ?

Dès le début de son apostolat à Thonon, comme dans toute sa carrière épiscopale, saint François de Sales a dû traiter avec les princes du monde les grandes questions relatives à la conversion des hérétiques. De la volumineuse correspondance qu'il nous a laissée, sur ce sujet, se dégage clairement sa doctrine ; il est aisé de voir combien elle diffère de celles que vit naître la génération de 89.

Il n'admettait pas d'abord que l'État doit ignorer quelle est la véritable religion. La révélation s'impose à la foi des nations, comme à celle des individus ; elle se présente avec des motifs de crédibilité que ne possède pas l'hérésie; le pouvoir temporel, assez intelligent pour juger des intérêts terrestres, ne devient pas aveugle quand il faut distinguer entre la religion véritable et les impostures de l'hérésie. Le devoir de la société est donc de rechercher où se trouve la vérité. Connaissant la vérité, elle doit la professer et la défendre. L'indifférence pour elle est un crime. Tel est le premier principe qui règle les rapports des deux sociétés ; principe que l'habitude de voir les sectes vivre pêle-mêle a pu seule obscurcir ; mais, dans les âges chrétiens, et au siècle de saint François de Sales, il était au nombre de ces vérités premières qu'on ne discute pas.

La raison des démarches que ne cessa de faire le saint évêque auprès des princes de Savoie et du roi de France est là. Le monarque a des devoirs à remplir envers la foi ; il doit favoriser par tous les moyens possibles la véritable religion, et seulement la véritable religion.

Est-ce à dire que le prince soit toujours obligé de tirer le glaive du fourreau pour exterminer l'hérésie et ses fauteurs ? Rien de plus contraire à l'esprit du saint apôtre, comme à celui de l'Église. Ce n'est pas sans un juste discernement que celle-ci demande aux princes d'user de contrainte contre les ennemis de la foi. Là où elle règne paisiblement, s'il s'élève un de ces esprits turbulents qui déclarent la guerre à l'ordre établi, et menacent la paix publique, l'Église a toujours cru que le bien général exige les moyens de répression ; et c'est alors qu'elle faisait appel à la rigueur des lois. Mais quand elle porte l'Évangile dans les régions infidèles, ou qu'elle entreprend de ramener à la foi véritable des contrées séduites par l'erreur, si elle demande aux princes chrétiens de seconder son action, elle ne réclame pas l'usage de la rigueur; c'est par la persuasion qu'elle ramène ses enfants égarés. Ainsi n'agissaient pas les hérétiques. Lorsque les Bernois envahirent la Savoie, le canton de Vaud et le pays de Gex, reculèrent-ils devant aucune violence ? Et ne ils point par la terreur ces malheureuses provinces sous .e l'hérésie ?

Redevenus maîtres du Chablais, les princes de Savoie n'usè-
rent pas de violences, comme l'avaient fait les Bernois ; la persuasion fut le seul moyen qu'ils employèrent ; et saint François
de Sales, loin de les engager dans une voie différente, n'en voulut pas suivre d'autre lui-même. Jusqu'où ne poussa-t-il pas la
délicatesse à cet égard ? Le baron d'Hermance, gouverneur du
Chablais, voyant la vie du saint exposée aux attentats des ministres, lui offrait une escorte de soldats pour veiller à sa sûreté.
L'intrépide prévôt répondait que « saint Paul et les autres apôtres du Sauveur du monde, par la seule épée de la parole de
Dieu, avaient rompu les puissances des arcs, l'écu, le glaive et
la guerre ; que Luther et Calvin avaient planté leurs perfidies par
les armes, mais qu'il fallait les arracher et extirper par la seule
parole ; que par la voix du Seigneur il fallait rompre les cèdres
et ébranler les déserts de Cadès [1]. »

Mais s'il rejetait l'emploi de la contrainte brutale, il n'en
maintenait pas moins que le prince doit protection à l'Église
catholique ; non cette simple protection qui assure son existence
et son libre développement, mais celle qui aide à la propagation
de la vérité. Quant à l'hérésie il pensait au contraire qu'elle ne
possède aucun droit social ; que si le malheur des temps exige
qu'on la tolère, le prince n'en est pas moins obligé d'employer son autorité à miner son influence, jusqu'au jour où
il pourra complétement en délivrer ses États. Cette politique
chrétienne, le saint l'a parfaitement décrite dans une de ses
lettres [2].

C'était l'époque où la question de l'autorité du Pape sur le temporel des rois était l'objet de disputes violentes entre les défenseurs des prérogatives pontificales et les parlementaires. Trou-
blée du bruit de ces discordes, une dame du monde avait consulté
son prudent directeur. Saint François de Sales souffrait de ces dis-
sensions,qui lui paraissaient aussi inopportunes que dangereuses.
Il croyait que la paix entre les deux pouvoirs valait mieux que
de vaines querelles, sur lesquelles, par un motif de prudence, il

---

[1] *Vie de saint François de Sales,* par Charles-Auguste de Sales, t. I, l. II, p. 104,
édit. Vivès.

[2] La lettre 48 des anciennes éditions ; 822 de la collection Blaise ; dans l'édition
Vivès, elle est placée au t. IX, p. 446, parmi les matières de controverse.

s'abstenait de prononcer. Mais, s'il ne voulut pas se mêler à cette lutte, il traça avec une rare sagesse les relations mutuelles de l'autorité religieuse et du pouvoir civil : « Le Pape, répondait-il, est le souverain pasteur et le père spirituel des chrétiens, parce qu'il est le suprême vicaire de Jésus-Christ sur terre ; partout il a l'ordinaire souveraine autorité spirituelle sur tous les chrétiens, empereurs, roys, princes et autres qui en cette qualité luy doivent non seulement amour, honneur, révérence et respect, mais aussi aide, secours et assistance envers tous, et contre tous ceux qui l'offensent, ou l'Église, en cette autorité spirituelle et de l'administration d'icelle : si que, comme par droit naturel, divin et humain, chacun peut employer ses forces et celles de ses alliés pour sa juste deffense contre l'inique et injuste aggresseur et offenseur ; aussi l'Église ou le Pape (car c'est tout un) peut employer ses forces, et celles des princes chrétiens ses enfants spirituels, pour la juste deffense et conservation des droits de l'Église, contre tous ceux qui les voudroient violer et destruire... Les roys et les royaumes sont tenus et redevables réciproquement (en retour des services qu'ils reçoivent du Pape) de maintenir au péril de leur vie et estats, le Pape et l'Église, leur pasteur et père spirituel. Grande, mais réciproque obligation entre le pays et les roys ; obligation invariable, obligation qui s'étend jusqu'à la mort inclusivement ; et obligation naturelle, divine, humaine, par laquelle le Pape et l'Église doivent leurs forces spirituelles aux roys et aux royaumes, et les roys leurs forces temporelles au Pape et à l'Église. Le Pape et l'Église sont aux roys pour les nourrir, conserver, et deffendre envers tous et contre tous temporellement, car les pères sont aux enfans, et les enfans aux pères. »

Cette page n'est-elle pas le merveilleux commentaire de l'encyclique de Grégoire XVI *Mirari vos,* du *Syllabus* et des allocutions et encycliques de Pie IX ?

Et le grand évêque ne laissa pas ces grands principes de la politique chrétienne à l'état de simple spéculation. Il en fit la base de son administration pastorale et de ses rapports avec les ducs de Savoie, le roi de France, leurs ministres, les gouverneurs de provinces, et même avec les souverains pontifes.

Appuyé sur leur autorité, il réclamait l'intervention du prince

pour rentrer en possession des églises dont s'était emparée
l'hérésie : il sollicitait des ordonnances pour empêcher que les
sectaires n'entravassent la prédication de la parole divine ; il
demandait que les biens temporels fussent employés à l'œuvre du salut, en pourvoyant à l'entretien des missionnaires,
d'abord, puis à la fondation de cures nécessaires pour maintenir la foi dans les pays convertis. Il implorait même en faveur des nouveaux catholiques des avantages pécuniaires, des
exemptions d'impôts, afin de les attacher davantage à la foi qu'ils
venaient d'embrasser. Le motif paraîtra bien peu surnaturel ;
mais Dieu, l'auteur de la nature et de la grâce, n'emploie-t-il pas
souvent les biens de la terre au salut des âmes ; et les récompenses de cette vie ne furent-elles pas entre ses mains un
instrument de préservation pour le peuple juif exposé à tous les
entraînements de l'idolâtrie ? Il nourrit de lait et de miel les
petits enfants ; quand ils auront grandi, il leur donnera le pain
des forts.

Plein de suavité envers les nouveaux fidèles et envers les
victimes de la séduction, quelle était la conduite du saint envers
les maîtres de l'erreur? Au risque de scandaliser les adeptes de
la libre pensée, et peut-être des catholiques désireux de concilier
les principes de 89 avec l'Évangile, nous dirons la conduite
du grand évêque. Saint François de Sales ne ménageait pas
les ministres du mensonge. A chaque ligne il laisse éclater
la profonde indignation qu'il nourrit contre eux dans son cœur.
C'est eux qu'il rend responsables de l'erreur des peuples, car ils
entretenaient volontairement les ténèbres de l'hérésie par leurs
sophismes et les calomnies qu'ils répandaient contre la vraie
religion. Entraver leur prédication, l'interdire même absolument
dès que la prudence le permettrait, c'était, pensait-il, le devoir
du prince chrétien ; et jamais il ne cessa de poursuivre ce but.
Quand la brèche fut enfin pratiquée, lorsque, éclairées par les
prédications et rassurées contre les menaces des sectaires, les
populations commencèrent à s'ébranler, le saint demanda et
obtint que les édifices religieux, profanés par le culte hérétique, fissent retour à l'Église, reléguant les prédicants dans
les granges converties en salles de prêche. Il ne souffrit pas
même que ce dernier asile leur fût longtemps conservé. A

peine en effet le mouvement de conversion fut-il devenu
universel, il ne crut pas que, pour ménager quelques rares
récalcitrants, on pût permettre aux ministres de l'hérésie de
continuer leur œuvre de perversion. Il demanda et obtint
l'éloignement des ministres et des maîtres d'école calvinistes.
Bien plus, et c'est ici surtout que l'on criera à l'intolérance,
l'apôtre, malgré son inaltérable mansuétude, voyant quelques
particuliers s'obstiner dans l'hérésie, et par leur exemple mettre
en danger la foi des simples, demanda qu'ils fussent eux aussi
bannis de la province, mais avec permission de vendre leurs
biens et d'en emporter le prix.

L'événement prouva la sagesse de cette mesure sévère. Non-
seulement le Chablais fut préservé de la contagion, mais les
opiniâtres eux-mêmes revinrent à résipiscence. Ils rentrèrent
au giron de l'Église, abjurèrent leurs erreurs entre les mains du
saint missionnaire et se montrèrent dès lors ses partisans les
plus dévoués. Heureuse application du *Compelle intrare* de
l'Évangile ! C'était bien ce qu'avait prévu saint François quand
il écrivait au duc de Savoie, Charles-Emmanuel Ier : « Tous
concourent à cette opinion, qu'il n'y a plus aucun moyen de reste
pour l'achever, sinon que V. A., par un édict paisible, commande
que tous ses sujets ayent à faire profession de foy catholique
et en prester serment dans deux mois ès-mains de ceux qui seront
députés, ou à vuider ses Estats, avec permission de vendre leurs
biens. Plusieurs, par ce moyen, esviteront le bannissement du
paradis pour ne pas encourir celui de leur patrie ; les autres,
qui seront fort peu en nombre, sont de telle qualité que Votre
Altesse gaignera beaucoup en les perdant ; gens desquels l'affection est des-ja pervertie, et qui suivent leur huguetonisme
plus tost comme un party que comme une religion. » (Lett. LXXX,
édit. Vivès.)

Quand il écrivait et agissait ainsi, que faisait le sage docteur
sinon appliquer au besoin de son temps les anciens enseignements de la foi, tels que les avait déjà exposés au ve siècle saint
Augustin en lutte contre les donatistes, tels que viennent récemment de les soutenir les successeurs de saint Pierre ? Il y a loin
des sentiments de saint François de Sales au principe de la
liberté de conscience, telle que l'a décrétée l'assemblée de 1789.

Rassurons-nous pourtant, si le saint évêque était rendu au monde, il ne renoncerait pas à ses principes, mais il ne demanderait pas d'édit de bannissement contre les mécréants. Quand une région n'est pas encore infectée de la contagion, il est sage d'en fermer l'accès à quelques pestiférés qui lui porteraient la mort ; il est sage aussi de reléguer hors des frontières le petit nombre des citoyens qu'a frappés le fléau. Mais si, par malheur, l'infection a gagné la multitude, la charité, unie à la prudence, veut que le remède soit appliqué au foyer de la contagion. La rigueur alors serait insensée et coupable. Notre docteur l'avait ainsi compris. Nous l'avons vu refuser l'escorte qu'on lui offrait, et s'avancer au combat avec les seules armes de la divine parole ; il ne réclama les moyens de contrainte que lorsque la grande multitude fut revenue à la vérité, et que la rigueur lui parut nécessaire pour maintenir le bien et achever l'œuvre du retour.

Saint François de Sales a donc été la grande lumière que la Providence fit briller dans l'Église afin de dissiper les ténèbres du calvinisme, et l'on avait raison de dire que par ses écrits de controverse, il méritait de prendre place parmi les docteurs de l'Église. On comprend qu'ils aient reçu les éloges les plus flatteurs du siége apostolique, dans la bulle de canonisation. Là, le pape Alexandre VII louait le grand évêque d'avoir redressé l'étendard de la vérité ; il disait que par sa doctrine, non moins que par son zèle infatigable, il avait relevé la religion abattue et renversé l'impiété triomphante ; il le comparait à David vainqueur du géant. Clément IX, à son tour, dans un bref adressé aux Religieuses de la Visitation, appelait leur fondateur un flambeau brillant allumé sous les yeux des hérétiques. Les cardinaux, appelés à voter dans les délibérations pour sa canonisation, louaient à l'envi ses écrits de controverse ; ils l'appelaient le rempart inébranlable de la foi orthodoxe, le maître assuré de la doctrine céleste, le vaillant guerrier qui, armé du glaive de la doctrine, avait transpercé l'hydre de l'hérésie. A-t-on jamais parlé en termes plus pompeux des anciens docteurs qui ont terrassé l'arianisme, le nestorianisme et les autres hérésies des premiers siècles ?

Ce qui surpasse tous ces éloges, c'est le jugement définitif que vient de porter la Congrégation des Rites avec l'approbation du Souverain Pontife. « Les nombreuses homélies du saint évêque de Genève, ses traités, ses dissertations, ses lettres témoignent de l'excellence de ses doctrines dans les matières dogmatiques, et de son invincible supériorité dans l'art de la polémique, principalement pour la réfutation des erreurs des calvinistes ; ce qui ressort avec une évidence surabondante du grand nombre d'hérétiques qu'il a ramenés par ses écrits et par sa parole dans le sein de l'Église catholique. »

Si nous avions à retracer les luttes du saint docteur contre l'hérésie, nous devrions en effet enregistrer de merveilleux succès. Combien d'anciens docteurs, après de longs et rudes combats, n'ont pas eu la consolation de recueillir eux-mêmes les palmes de la victoire ! Cette consolation ne fut pas refusée au saint évêque de Genève. Il vit les provinces du Chablais tout entières retourner à la foi catholique ; une conquête de vingt-cinq mille âmes arrachées au joug du démon ! Quels magnifiques débuts d'une carrière apostolique ! Puis, dans le cours de sa vie, il eut le bonheur d'en ramener encore un plus grand nombre ; et l'on évalue à soixante et onze mille le chiffre total des conversions d'hérétiques opérées par lui. Et combien de catholiques chancelants ne préserva-t-il pas des piéges de l'hérésie ? Il fut donc vraiment l'homme providentiel, le docteur suscité par Dieu contre les envahissements du protestantisme.

Seule, Genève ne voulut pas écouter sa voix ; Genève, en révolte contre ce Dieu qui l'a comblée de richesses, et chassant de l'enceinte de ses murailles l'apôtre qui venait lui porter la lumière et la paix. Que de fois le saint évêque versa des larmes sur la ville coupable, celle qu'avec tant d'amertume il appelait la nouvelle Babylone ! Deux siècles sont passés ; et la cité de Calvin se retrouve avec ses mêmes haines hérétiques. Aujourd'hui encore le successeur de saint François de Sales gémit exilé devant les portes de sa cité épiscopale, ouvertes à tous les prédicateurs du mensonge, fermées seulement au légitime pasteur ! Puisse le nouveau docteur répondre du haut du Ciel aux honneurs que lui confère le siége apostolique, en ramenant dans les bras maternels de l'Église romaine sa fille trop longtemps rebelle !

VII

LE DOCTEUR DE L'ASCÉTISME

LA THÉOLOGIE PRATIQUE

Saint François de Sales fut grand dans la controverse, plus grand encore dans la direction des âmes. Si même il a été un insigne convertisseur d'hérétiques, il dut ses succès encore plus à sa théologie pratique qu'à ses œuvres de polémiste. Faire aimer la vertu après avoir éclairé les intelligences, c'était le secret de son apostolat. *Lucere et ardere perfectum est*, disait saint Bernard : l'évêque de Genève eut cette perfection ; ses rayons furent aussi chauds que brillants. Ainsi jugeait l'archevêque de Vienne, Pierre de Villars, dans sa lettre à notre saint évêque, après avoir lu son *Introduction à la vie dévote* : « Je ne nie pas que les livres si savamment écrits par tant de docteurs excellents, dont le cardinal Bellarmin est le chef, n'aient beaucoup servi contre les hérésies de ce siècle ; mais je ne puis aussi m'empêcher de dire et de soutenir que ceux qui ont écrit sur la morale et sur la dévotion n'y ont pas apporté un remède moins efficace... Sans doute la réformation des mœurs éteindra les hérésies avec le temps, comme leur dépravation les a causées. »

L'évêque de Genève lui-même ne pensait pas autrement que son métropolitain. « Étant à Paris, écrivait-il à sainte Françoise de Chantal, le 2 décembre 1609, et prêchant en la chapelle de la Reine, le *Jour du jugement* (ce n'est pas un sermon de dispute), il se trouva une demoiselle, nommée Madame de Perdreauville, qui était venue par curiosité : elle demeura dans les filets, et sur ce sermon, prit résolution de s'instruire, et dans trois semaines après amena toute sa famille à confesse vers moi, et fus leur parrain de tous en la confirmation. Voyez-vous ? Ce sermon-là, qui ne fut point contre l'hérésie, respirait néanmoins contre l'hérésie ; car Dieu me donna lors cet esprit en faveur de ces âmes. Depuis, j'ai toujours dit que, qui prêche avec amour, prêche assez contre l'hérétique, quoiqu'il ne dise un seul mot de dispute contre lui. »

En devenant maître de la vie ascétique, François de Sales restait donc l'apôtre des calvinistes ; et à ce titre encore il a bien mérité d'être honoré dans l'Église comme le docteur suscité de Dieu contre l'hérésie du xvie siècle. Une des principales erreurs du protestantisme ne fut-elle pas en effet la destruction des mérites de l'homme, non-seulement des mérites naturels, mais de ceux mêmes que nous acquérons avec le secours de la grâce ? Son dogme favori n'était-il pas l'inutilité des bonnes œuvres ? Or, voilà que la Providence suscite dans son Église le grand docteur de la vie spirituelle ; celui qui, par sa suave direction aussi bien que par ses pieux ouvrages, va réveiller dans toutes les classes des chrétiens la vraie dévotion du cœur unie à la pratique des plus sublimes vertus ! En présence des succès que remporta le saint docteur sur ce nouveau terrain, l'erreur nouvelle dut encore reconnaître son vainqueur. Il faut donc, après l'éminent controversiste, étudier en lui le docteur de l'ascétisme. Et s'il est vrai, selon le témoignage de Boniface VIII, que par les saints docteurs Dieu décore son Église de la parure des vertus et l'embellisse de l'éclat des bonnes mœurs [1], nous reconnaîtrons que l'auréole du doctorat était bien due à notre savant et pieux écrivain.

Quand nous parlons de la théologie ascétique, nous prenons ce mot dans sa plus large acception, comprenant tout ce qui dans la science sacrée va à la pratique. Or, la théologie pratique embrasse une immense variété de connaissances, toutes celles qui se rapportent au gouvernement extérieur de l'Église et à la direction intérieure des âmes. Elle renferme donc la science de la législation ecclésiastique, des décrétales des papes, des canons conciliaires ; les règles pour l'administration des sacrements, pour la prédication de la parole divine et l'instruction spirituelle des enfants ; les lois qui régissent les communautés religieuses ; toutes sciences indispensables aux pasteurs de l'Église pour diriger dans les bons pâturages les brebis que

---

[1] Horum quippe doctorum perlucida et salutaria documenta prædictam illustrarunt Ecclesiam, decorarunt virtutibus et moribus informarunt *(Gloriosus)*.

Dieu soumet à leur houlette. De l'extérieur, la théologie pratique pénètre à l'intérieur ; elle enseigne l'art des arts, celui de diriger les actes de la vie chrétienne, et de conduire les âmes jusque dans les régions élevées de la spiritualité.

Cette double branche de la théologie pratique eut en saint François de Sales un maître consommé.

Nous n'insisterons pas beaucoup sur les ouvrages qu'il a laissés touchant l'administration extérieure de l'Église. Les éditeurs ont recueilli avec un soin religieux ses divers écrits relatifs aux intérêts de son diocèse : statuts synodaux, mandements, lettres d'affaires adressées à tous les ordres de la société, constitutions ou décrets de réforme donnés à différentes communautés religieuses : instruction pour la prédication et les catéchismes ; autant de monuments de la science, de la prudence et du zèle du grand évêque. Là il se montre éminent canoniste, aussi bien que pasteur vigilant. Ces écrits, s'ils étaient seuls, n'auraient pas, il est vrai, fait inscrire son nom au catalogue des docteurs, mais ils seraient toujours restés comme un témoignage de sa doctrine aussi sûre que profonde ; plus connus peut-être et plus appréciés, s'ils n'étaient, pour ainsi dire, éclipsés par l'éclat de ses autres ouvrages. La Congrégation des Rites néanmoins en devait tenir compte, quand elle avait à prononcer sur le doctorat liturgique que l'on sollicitait en faveur du saint ; ils ajoutaient eux aussi à la splendeur de son savoir, comme dans nos cathédrales gothiques les légères sculptures et les sveltes tourelles relèvent la beauté de la flèche qui va se perdre dans le ciel.

Qu'il nous suffise d'avoir indiqué rapidement le mérite éminent de notre saint dans la théologie canonique et pastorale. Venons au directeur des âmes, puisque c'est là surtout qu'il brille d'une incomparable gloire.

VIII

L'ASCÉTISME

Prendre une âme au sortir du péché et la conduire par des voies sûres de vertu en vertu, jusqu'aux plus hautes cimes de la sainteté, sublime mission des maîtres de la vie spirituelle ! Les stations dans cette route sont innombrables ; mais notre besoin de classification les a fait diviser en trois principales : la morale, l'ascétisme et le mysticisme. La part du moraliste est de déterminer les préceptes divins, et d'indiquer les vices et les manquements par lesquels on transgresse ces commandements ; en un mot d'enseigner ce qui est ordonné, ce qui est permis, ce qui est défendu par la loi de Dieu, soit naturelle, soit révélée. Science indispensable dans l'Église, et qui seule, quand elle atteint la perfection qui lui est propre, suffit pour mériter les honneurs du doctorat. Saint Alphonse de Liguori en est un illustre exemple. Car, s'il a composé bon nombre d'ouvrages ascétiques dignes de figurer à côté des écrits des saints docteurs, c'est surtout par la théologie morale qu'il a obtenu l'auréole dont brille à jamais son front dans l'Église de Dieu.

Au-dessus de la morale se place l'ascétisme proprement dit. Car le ciel ne se peuple pas seulement d'âmes vulgaires. Sous la voûte du firmament, à côté et au milieu des nébuleuses, se détachent de brillantes étoiles, figures de ces grands chrétiens qui, non contents de préserver leurs âmes des taches grossières du péché, travaillent à l'orner de l'éclat des vertus. Au siècle de saint François de Sales, on les nommait les personnes *dévotes*, alors que cette qualification n'entraînait pas le discrédit dans lequel elle est tombée plus tard. Et c'est à la théologie ascétique qu'il appartient de guider le chrétien dans ces sentiers élevés.

Enfin, aux sommets de la science pratique, se tient la théologie mystique. Son rôle, à elle, c'est de surveiller les âmes qui, prenant un vol hardi vers les régions célestes, ne tiennent plus à la terre et semblent vivre au sein de la divinité. C'est saint Paul transporté au troisième ciel, et ne sachant plus dans son extase si son corps a suivi l'âme dans ces contrées inaccessibles à la multitude des vivants ; c'est sainte Thérèse ravie hors d'elle-même, désespérant à son réveil de trouver des paroles pour redire les merveilles dont elle a été le témoin et l'objet ; c'est toute âme entrant en communication directe avec Dieu, sans passer par les raisonnements de l'intelligence et les délibérations de la volonté. Voies mystérieuses dans lesquelles l'âme ne s'engage pas par ses propres efforts, mais alors seulement que la grâce la soulève au-dessus du monde de la nature ; voies dangereuses et plus que toutes autres sujettes à l'illusion. La théologie mystique ne peut tracer le chemin qui mène à ces hauteurs, mais elle sert de flambeau à ceux qui en gravissent les sentiers obscurs, toujours bordés de précipices. Elle se tient sur la route pour indiquer à quelles marques l'opération divine se distingue des illusions de l'imagination et des tromperies du démon ; elle enseigne aussi à profiter des caresses divines pour l'œuvre de la sanctification, à l'abri des surprises de l'orgueil.

Ces trois parties de la théologie pratique ont eu chacune leurs docteurs. Saint Thomas, saint Bonaventure, et leur disciple saint Alphonse ont enrichi la morale de leurs immortels écrits. Plus nombreux furent les docteurs de l'ascétisme. Faut-il rappeler les Ambroise, les Augustin, les Grégoire, les Chrysostome, les Basile, avec leurs lettres, leurs homélies, les règles religieuses, sans parler de maints traités spéciaux qui sont de véritables codes de spiritualité ? Le Docteur angélique, dans la seconde partie de sa *Somme*, et son pieux émule, le Docteur séraphique, dans ses commentaires du second et troisième livre des *Sentences*, n'ont-ils pas exposé, avec toute la précision de l'enseignement didactique, la naissance, le progrès et l'enchaînement des vertus et des vices, et posé ainsi la base scientifique de l'ascétisme chrétien ?

Quant à la théologie mystique, quels maîtres elle a eus en saint Bernard avec ses sermons sur le *Cantique des Cantiques*, et en saint Bonaventure avec son *Itinéraire de l'âme vers Dieu !*

A laquelle de ces trois classes appartient saint François de Sales ? S'il suffisait de quelques courts opuscules pour mériter les honneurs du doctorat, volontiers nous le placerions parmi les docteurs de la morale, à côté de saint Alphonse. Car, sans compter les nombreuses solutions pratiques que l'on retrouve dans ses lettres, il nous a laissé ses *Avertissements* aux confesseurs, excellent traité, en rien inférieur aux règles du grand archevêque de Milan, saint Charles Borromée, mêlant la fermeté des principes à la suavité dans l'application.

D'autre part, son commentaire sur le *Cantique des Cantiques* et les sixième et septième livres du *traité de l'amour de*

Dieu lui assurerait un rang distingué parmi les docteurs du mysticisme. Sans compter que sa manière ordinaire, même dans ses traités purement ascétiques, est toujours empreinte d'un délicieux mysticisme. Car le mysticisme est-il autre chose que l'élan de l'âme, s'envolant du monde visible au monde invisible et jusque dans le sein de la divinité? Or, qui plus que saint François de Sales a connu ces élans? Laissons la littérature rationaliste, celle d'un Sainte-Beuve, passer au crible de sa critique les écrits du saint évêque; pardonnons-lui de ne voir dans les fleurs qui émaillent son style que les gentillesses d'un charmant esprit, s'oubliant dans le parterre à composer son bouquet, un peu chargé peut-être, quoique toujours ravissant au regard et à l'odorat. Mais nous, en cette exubérance, nous admirons la merveilleuse expression de l'âme sainte qui se complaît aux beautés de la nature par l'attrait même qui l'entraîne vers les beautés du ciel; pour laquelle toute créature est un prisme où se réfracte en mille couleurs le rayon unique de l'infinie clarté. François de Sales est bien de la classe des mystiques, digne de l'éloge que lui décerne l'Église dans le décret du doctorat : *In mystica theologia mirabilis Salesii doctrina refulget.*

Mais il ne fut pas mystique à la manière des Bernard, des Bonaventure, surtout des Thérèse et des Jean de la Croix. Il semait de fleurs les rudes sentiers de la dévotion, mais sans quitter les voies battues. Sa place propre parmi les docteurs de la théologie pratique est donc entre saint Alphonse le moraliste, et saint Bernard ou le séraphique Bonaventure, ces princes de la science mystique. Son domaine à lui, celui sur lequel il tient le sceptre, c'est l'ascétisme proprement dit.

Aussi bien, Dieu qui le destinait à illuminer les voies de la dévotion active, ne lui départit pas les dons merveilleux qu'il prodiguait à un saint Jean de la Croix, à un saint Pierre d'Alcantara. Le bon évêque, dans ses intimes confidences à sainte Françoise de Chantal, disait avec candeur que sa voie était ordinaire, sans visions, ravissements et extases, la voie laborieuse par l'exercice des vertus. Sa sainteté lui donnait peut-être quelque droit aux douceurs des communications célestes; mais il en fut privé, la Providence voulant qu'il marchât lui-même par les chemins où il devait guider les autres.

Les œuvres ascétiques du saint docteur sont nombreuses. L'énumération complète en a été faite dans le rapport sommaire soumis à la Congrégation des Rites. Elle comprend bon nombre de petits traités ou d'opuscules sur différents sujets. Il serait trop long de les analyser tous. Nous nous bornons à signaler les principaux : les *Sermons*, l'*Introduction à la vie dévote*, les *Entretiens* et les *Lettres spirituelles*.

Des sermons nous dirons peu de chose. Tout le monde sait quelle réputation s'était acquise le saint évêque dans la chaire chrétienne. Posséder Monseigneur de Genève pour une station était un bonheur que se disputaient les plus grandes villes de France, sans en excepter Paris. Visant toujours à la pratique, mêlant l'élégance de la parole à la solidité de la doctrine, aux grâces du débit, à l'onction de la piété, ses discours sont de vrais traités ascétiques sur toute sorte de sujets. Malheureusement vingt-deux à peine furent écrits de sa main, les autres, fruits de l'improvisation, nous sont parvenus grâce à la mémoire de ses auditeurs qui devançait, mais imparfaitement, l'art du sténographe. Ainsi avons-nous conservé les sermons de saint Augustin, de saint Bernard, qui malgré les lacunes inévitables et de nombreuses imperfections, n'en sont pas moins un trésor pour l'ascétisme chrétien.

IX

LA PHILOTHÉE

Quant à la Philothée, nous la possédons telle qu'à travers la plume du saint elle sortit de son cœur ; toute rayonnante des vives clartés de la science, toute embaumée des parfums de la piété, resplendissante des parures d'un style enchanteur, savamment agencée, divisée, subdivisée. C'est le bouquet de glycéra aux fleurs choisies, harmonisant avec art les nuances les plus variées. L'*Introduction à la vie dévote* fut un événement dans le monde religieux et littéraire. Papes, cardinaux, évêques, princes et rois le louèrent à l'envi ; multipliée par des rééditions qui se succédaient sans interruption, elle devint bientôt le manuel de la dévotion, ou, comme disait Pierre Camus, de Belley, le *Bréviaire des gens de bien*. Il était désormais défendu de s'engager dans les voies de la dévotion sans marcher, avec Philothée, sous la conduite du grand directeur. Les nations étrangères nous dérobèrent un tel trésor; et bientôt dix-sept traductions le mirent à la portée de tous les peuples de la catholicité. Les protestants eux-mêmes, à Londres, s'en firent les traducteurs et les propagateurs [1].

Le pape Alexandre VII se reconnaissait redevable de tout ce qu'il avait de piété à la lecture des œuvres de saint François de Sales, surtout de sa Philothée. Henri IV, qui se connaissait en honneur, et qui aimait l'esprit vif et droit de l'éloquent *Allobroge*, reportait sur sa Philothée les tendresses de son amitié; heureux s'il eût conformé sa vie privée aux enseignements de ce beau livre! L'*Introduction* avait même pénétré dans le palais de Jacques Ier d'Angleterre; le théologien couronné en faisait ses délices, et dans ses illusions de sectaire il recommandait aux évêques anglais de reproduire dans leurs écrits l'onction de l'évêque papiste.

Mais c'est assez nous arrêter aux éloges dont fut l'objet ce chef-d'œuvre; qu'ajouteraient d'ailleurs des citations multipliées à ce que savent tous nos lecteurs des succès de la Philothée? Mieux vaut pénétrer au cœur de l'ouvrage.

Qui veut cheminer sûrement se demande d'abord quel but il veut atteindre. Le guide spirituel devait donc définir tout d'abord la dévotion avant de nous dire comment elle se pratique. C'est

---

[1] Giarda, *Vita del B. Francisco di Sales*, lib. II, cap. xviii (Rome 1648).—Quand s'instruisit le procès de canonisation, l'*Introduction* avait déjà eu plus de quarante éditions. L'historien de Port-Royal ne voit là qu'un « succès mondain, religieux, sentimental, tout de cœur et d'imagination, qui n'est comparable pour nous qu'à certains succès que nous avons vus dans notre jeunesse, par exemple, à celui des *Méditations* de Lamartine... » Le sceptique académicien s'arrêtait à la surface; pour lui tout se réduisait aux enjolivures dont l'aimable saint enveloppe son enseignement. Quant aux doctrines cachées sous ces gracieux dehors, elles sont d'un monde que ne hantait pas le pontife de la libre pensée.

Sainte Françoise de Chantal, qui fréquentait ce monde, appréciait autrement l'accueil fait à l'*Introduction*, « ce livre de qui l'on dit que l'esprit seul de Dieu l'a dicté; » « universellement loué des doctes et des indoctes, dans lequel un nombre infini d'âmes ont trouvé le moyen de leur salut et le chemin de la perfection chrétienne, chacun en leur condition. » Est-ce le genre de succès qui accueillait les *Harmonies* d'ordinaire si creuses du poëte de notre enfance?

en effet par là que s'ouvre le livre de l'*Introduction* : « La
vraye et vivante dévotion, o Philothée, présuppose l'amour
de Dieu, ainsi elle n'est autre chose qu'un vray amour de
Dieu, mais non pas toutefois un amour tel quel ; car, en tant
que l'amour divin embellit nostre âme, il s'appelle grace,
nous rendant agréable à sa divine majesté ; en tant qu'il nous
donne la force de bien faire, il s'appelle charité ; mays quand
il est parvenu jusques au degré de perfection auquel il ne nous
fait pas seulement bien faire, mays nous fait opérer soigneuse-
ment, fréquemment et promptement, alors il s'appelle dévotion. »
(*Introd.*, Iʳᵉ part., chap. i.) Nous avons la définition philoso-
phique ; mais le dialecticien disparaît aussitôt derrière le mystique littérateur, et une charmante comparaison grave bien avant
dans l'imagination et la mémoire la définition technique. C'est
l'autruche qui a des ailes et qui ne vole pas ; c'est la poule qui
a des ailes, mais vole ras de terre ; c'est la colombe ou l'aron-
delle portant leur vol jusqu'à la région des nuages. Ainsi le
pécheur appesanti par le poids du corps, véritable autruche, a
les ailes de l'âme et ne s'envole pas ; lourd comme la poule,
le chrétien auquel il suffit de vivre en grâce avec Dieu, ne
vole jamais haut ; tandis que l'âme dévote, mystique colombe, dégagée des liens de la terre, s'élance hardiment vers
l'empyrée.

Or, cette perfection de l'amour divin est-elle accessible à
toute condition de chrétiens ? Le préjugé vulgaire en faisait le
privilége exclusif du religieux caché à l'abri du cloître, du lévite
vivant à l'ombre du sanctuaire, ou de quelques âmes d'élite qui,
vivant, dans le monde, séquestrées des biens terrestres, sont de
vrais anachorètes au sein de la multitude. Au moyen âge, à cette
rude génération voisine de la barbarie, il fallait le spectacle des
grandes austérités ; et l'on s'était habitué à regarder la haire,
le cilice et la discipline comme les instruments indispensables
de la sainteté. Le patriarche d'Assise lui-même et son ami saint
Dominique, en transportant au milieu du monde les pratiques
de la vie claustrale, avaient fait large part aux austérités corporelles et aux exercices extérieurs. Sans doute, saint Ignace et les
ascètes de son école avaient adouci ces pentes abruptes ; Rodriguez avait même composé un traité de la sanctification sur les

actions ordinaires, **et** Louis de Grenade son *Mémorial de la Vie chrétienne* [1].

Ce point de vue néanmoins n'était pas encore dans tout son jour. A saint François de Sales Dieu réservait la gloire de le faire connaître et de le populariser. C'est l'éloge que lui décerne la Congrégation des Rites lorsque, dans le décret du doctorat, elle le loue d'avoir montrées accessibles à toutes les conditions les voies de la perfection [2]. En prononçant ce jugement, elle faisait écho à l'arrêt porté depuis deux siècles par toute l'Église.

Saint François de Sales s'était, en effet, proposé ce but : « Mon intention est d'instruire ceux qui vivent ès villes, ès mesnages, à la cour, et qui par leur condition sont obligés de faire une vie commune à l'extérieure, lesquels bien souvent, sous le prétexte d'une prétendue impossibilité, ne veulent seulement pas penser à l'entreprise d'une vie dévote. » Ainsi s'exprime le saint dans sa préface ; et au chapitre iii de la première partie : « C'est une erreur, ains une hérésie, de vouloir bannir la vie dévote de la compaignie de soldats, de la boutique des artisans, du mesnage des gens mariés. Il est vrai, Philothée, que la dévotion purement contemplative, monastique et religieuse, ne peut être exercée en ces vocations-là ; mays aussi, outre ces trois sortes de dévotion, il y en a plusieurs autres propres à perfectionner ceux qui vivent ès états séculiers. »

Voici donc notre saint guide à l'œuvre. Il instruit sa Philothée à purifier son âme par l'oraison, la confession, la communion ; lui apprend à orner son cœur des plus sublimes vertus, à éviter l'écueil des vices, des habitudes mauvaises ; recueillant sur son chemin tout ce que la scolastique nous laissa de plus substantiel sur les vertus chrétiennes, tout ce que les

---

[1] Saint François de Sales était versé dans la lecture des ascétiques de son temps. Les *Exercices spirituels* de saint Ignace étaient surtout son livre favori. Souvent il se retirait dans la retraite pour méditer les profondes maximes du solitaire de Manrèse. Il est facile d'en suivre les traces dans ses ouvrages de spiritualité. Mais ce que saint Ignace exprimait avec tant de concision et livrait aux méditations des âmes contemplatives, saint François de Sales l'a développé et mis à la portée de bien des âmes incapables, malgré leur piété, de saisir les enseignements si relevés du livre des *Exercices.*

[2] Perfectionis christianæ semitam et rationem multis ac variis tractationibus ità declaravit, ut facilem illam ac perviam singulis fidelibus cuicumque vitæ instituto addictis ostenderet.

écrivains ascétiques ont dit de meilleur pour soutenir l'âme
éprouvée par la tentation, la sécheresse et les abandons ; il enseigne aussi à son disciple l'art de se maintenir sur les hauteurs
de la perfection et de réparer les brèches causées par l'action du
temps et les attaques de l'ennemi... Voilà, en résumé, le plan
de l'*Introduction*. Rien n'y manque de ce qui peut conduire une
âme aux plus hautes vertus. La vie séculière avait son docteur ;
le cloître réclamait le sien : saint François de Sales lui fut aussi
donné pour guide. Nous arrivons aux *Entretiens*.

X

LES LEÇONS DU CLOITRE

Au retour de ses visites pastorales à travers les monts escar-
pés de la Savoie, ou de ses lointaines prédications dans le pays
de France, le doux évêque oubliait ses fatigues dans sa paisible Nessy, sur les bords du lac aux eaux bleues, délicieusement
encadré au milieu de ses riantes collines et de ses sommets om-
bragés. Là, sans perdre de vue le reste du troupeau, il reportait surtout sa sollicitude sur la famille spirituelle que lui avait
donnée la Providence, la Visitation.

Le bon évêque eut toujours des prédilections pour les communautés religieuses. Il aimait à voir fleurir à l'abri du cloître les
plus belles vertus de l'Évangile. Et son amour ne se payait pas
de sentiments stériles, car il regardait comme l'une des plus
belles prérogatives de l'épiscopat d'encourager les âmes vouées
loin du monde à la vie de perfection, de les ramener même à la
sainteté de leur état, s'il arrivait qu'au contact du monde la fer-
veur vînt à se refroidir. Sans doute il ne franchit jamais les bor-
nes qu'imposaient à son autorité les lois canoniques, et jamais il
ne regarda comme dérogatoires à ses droits les exemptions qui
assujettissent les ordres religieux à la direction immédiate du
siége apostolique. Mais les pouvoirs que confient aux évêques
les saints canons sur les monastères, ceux que lui délégua en
maintes occasions la confiance des souverains pontifes ne furent
pas oisifs entre ses mains. Plus que l'autorité pourtant, son zèle
épiscopal et les grâces de la persuasion ramenèrent à l'antique ré-

gularité bien des communautés. Il suffit de nommer Talloires, Sixt, Voiron, Rumilly, les Feuillants. Port-Royal lui-même, aux débuts de sa réforme, eut part à ses sollicitudes ; heureux si la mère Angélique, séduite par l'esprit d'orgueil, n'eût préféré le rigorisme hypocrite de l'abbé de Saint-Cyran à la conduite suave et droite du saint évêque ! Et certes, en toutes ces relations avec les ordres religieux, saint François de Sales se montra digne de guider les âmes dans les plus hautes voies de la sainteté.

Ses prédilections étaient pourtant acquises à ses bien-aimées filles de Sainte-Marie. Et qui pourrait le lui reprocher ? N'était-il pas vraiment leur père ? Que de peines il avait prises pour cueillir dans les déserts arides du siècle les premières fleurs de la Visitation ! Que de soins pour former sa famille naissante aux petites vertus de simplicité, d'humilité, de cordialité ! Il la voulait à son image ; et jamais paternité plus heureuse, grâce aux Constitutions si magnifiquement louées par la sainte liturgie : *Admirables de sagesse, de discrétion et de suavité* [1] !

Mais ces Constitutions, il ne fallait pas qu'elles restassent lettre morte ; elles devaient passer à la pratique, et c'est à quoi travaillait sans cesse le bon prélat en ses jours de repos. Voyons-le assis sous la tonnelle de l'humble maison de la Galerie, la sainte source, le berceau de la Visitation, si riche de souvenirs dans sa pauvreté. La pieuse famille se réunissait autour du saint. Un vieux cep de vigne, sortant à travers le mur qui soutient les terres, reste encore de nos jours, témoin deux fois séculaire de ces douces réunions. Abrité par le feuillage contre les ardeurs du soleil, le père vénéré entretenait ses filles des devoirs de leur état. Là, dit-on, il composait et notait le chant que nous entendons sortir du chœur de la Visitation, semblable au roucoulement de la colombe plus qu'aux harmonieux accents de philomèle. Le bon saint y voyait double avantage : ménager la poitrine des sœurs, et les préserver de toute vanité mondaine.

Ce fut aussi sous ces ombrages, dit la tradition, que le saint

---

[1] Constitutiones, sapientia, discretione et suavitate mirabiles (Leçons du 2ᵉ nocturne, 29 janvier).

fondateur commença les *Entretiens spirituels*. Il les continua au parloir du premier monastère, quand il eut abrité sa petite famille sous les murs du cloître et donné à la Visitation sa forme définitive.

Fruit de l'improvisation, les *Entretiens* ont jailli de l'âme de saint François de Sales, sans apprêt ; douce et simple causerie d'un père avec ses enfants , avec les négligences inséparables de ce genre de composition, mais aussi avec la spontanéité qui compense si avantageusement quelques défauts de forme. Les pieuses visitandines, rangées autour de lui, l'écoutaient avec une filiale avidité ; puis, au sortir du parloir, elles se mettaient vite à l'œuvre pour transporter sur le papier les précieuses paroles. La piété venant en aide à la mémoire, elles recueillaient avec la pensée l'expression même.

Il en était une parmi elles que Dieu sembla donner tout exprès à la Visitation naissante pour lui conserver ces précieuses leçons, la sœur Fichet, douée d'une si heureuse mémoire qu'elle retenait mot pour mot un sermon entendu ; c'est sainte Chantal qui l'assure. Qui douterait donc que les *Entretiens* imprimés ne soient l'écho fidèle des paroles du saint évêque ? Nous l'avons là avec son cœur, son esprit, sa riante imagination. Précieux trésor que la Visitation prétendait bien, dans ces commencements, garder pour elle seule. Une heureuse indiscrétion le fit passer dans le domaine public, mais avec tant de fautes, que les bonnes visitandines, par respect pour la mémoire de leur père, durent livrer le texte aux regards profanes.

Qu'on ne cherche pas dans les *Entretiens* un cadre savamment ordonné, comme dans l'*Introduction à la vie dévote* et le *Traité de l'amour de Dieu*. Le saint allait au hasard des circonstances : la fête du jour, le renouvellement de l'année, le départ d'un essaim allant fonder une nouvelle ruche, que sais-je ? tout lui fournissait le thème de sa conférence. De cette source découlaient les mille enseignements par lesquels un directeur savant autant qu'expérimenté ouvre aux âmes les voies de la perfection ; le tout en style gracieux et orné des charmes de l'imagination. Le saint pourtant ne s'égarait pas dans sa cueillette, mais il allait droit au but, content de couvrir de fleurs les aspérités du chemin. C'est toujours le caractère de sa spiritualité : la mortification intérieure et les solides vertus à la base, plus que les austérités corporelles et les observances rigoureuses, inaccessibles au grand nombre. Aussi l'ordre de la Visitation était-il un asile ouvert même aux petits tempéraments.

Prenons au hasard l'un de ces Entretiens, le huitième. C'était le dimanche dans l'octave de l'Épiphanie, jour où se lit à la messe le récit du baptême de Jésus-Christ et de la descente du Saint-Esprit en forme de colombe. La colombe ! Saint François la laisserait-il remonter au ciel sans lui demander une leçon pour les « âmes colombines » de Sainte-Marie ? Les « loys de la colombe » furent donc en ce jour le sujet de l'Entretien. Ces lois sont nombreuses ; le saint en choisit trois qu'il propose à l'imitation de ses colombes mystiques. Première loi : la colombe, tout occupée à couver ses œufs, n'a souci que de plaire à son « colombeau, » oublieuse de tout autre soin. Elle ne s'en va pas à travers champ chercher son grain, elle ne vient pas se désaltérer à la source limpide, mais elle couve pour son colombeau ; à celui-ci de pourvoir à sa nourriture et à celle de sa couvée. Ainsi fait l'âme religieuse. Elle n'a souci que de plaire à Jésus-Christ, de travailler pour lui ; quant à ses intérêts, ceux de l'âme comme ceux du corps, elle les abandonne à l'amoureuse providence de son divin Époux.

Seconde loi : la colombe ne se lasse jamais de son œuvre de patience. Enlevez-lui ses œufs, ou ses petits, elle ne se consume pas en vaines lamentations, mais vite elle se remet à l'œuvre et couve de nouveau. « Plus l'on m'en oste, et plus j'en fais, disent les colombes en leur langage, » et par la bouche du charmant conférencier. Quel exemple pour l'âme religieuse ! Elle aussi, elle a sa couvée ; ce sont les saints désirs. Il arrive que Dieu, par les voies secrètes de sa providence, par lui-même ou par les créatures, lui ravit ses œufs, interrompt les œuvres commencées, la met dans l'impossibilité de réaliser ses saints projets. Et pourtant elle ne cesse pas de couver : « Il nous en faut faire de mesme pour observer cette aimable loy des colombes, nous laissant dépouiller par notre souverain maître de nos petits colombeaux, c'est-à-dire des moyens d'exécuter nos désirs quand il lui plaît de nous en priver, pour bons qu'ils soient, sans nous plaindre, ny lamenter jamais de luy comme s'il nous faisait grand tort; ains devons nous appliquer à doubler, non nos désirs, ny nos exercices, mais la perfection avec laquelle nous les faisons. » Et poursuivant son ingénieuse leçon, le saint directeur instruit l'âme à lutter contre le découragement, et à utiliser même les sécheresses du cœur.

Troisième loi : égalité d'humeur dans la consolation et dans l'épreuve, à l'exemple des colombes « qui pleurent comme elles se réjouissent; qui ne chantent toujours qu'un même air, tant pour les cantiques de réjouissance que pour ceux où elles se lamentent. Voyez-les perchées sur les branches, où elles pleurent la perte qu'elles ont faite de leurs petits, que la belette ou la chouette leur ont enlevés (car, quand c'est quelque autre qui les leur prend que le maître de la colombière, elles sont fort affligées). Voyez-les aussi quand le paron (le colombeau) vient à s'approcher d'elles, qu'elles sont toutes consolées, elles ne changent point d'air, ainsi font le même grommellement pour preuve de leur contentement, qu'elles font pour manifester leur douleur. » Ne croirait-on pas entendre à travers les grilles de la Visitation les chastes épouses de Jésus chanter sur le même rhythme les lamentations du Vendredi saint et l'alleluia de la résurrection ?

L'ascétisme monastique comptait bien des chefs-d'œuvre, depuis les conférences de Cassien et les sermons de saint Bernard, jusqu'aux traités de Rodriguez. Avait-il quelque chose de plus suave, de plus pratique et de plus profond que les vingt-deux entretiens de saint François de Sales ? Richesses spirituelles, mine inépuisable ouverte non-seulement aux filles de Sainte-Marie, mais à toutes les communautés et même aux personnes séculières avides de sainteté.

XI

LES LETTRES SPIRITUELLES

Jusqu'ici nous avons vu le grand docteur parler du haut de la chaire. Orateur ou écrivain, il enseignait en maître. Suivons-le dans le commerce intime de la vie. Nous y retrouverons toujours l'oracle de la vraie spiritualité. Nous pourrions assister à ses conversations, si bien reproduites dans l'ouvrage de son disciple, Pierre Camus, *l'Esprit de saint François de Sales*. Quelles gracieuses leçons elles nous fourniraient ! Contentons-nous de les mentionner, et venons-en à la correspondance.

Avec saint François de Sales s'ouvre l'âge d'or de la littérature épistolaire. Bussy-Rabutin, Balzac, Gui-Patin, Voiture le suivirent de bien près ; et le siècle ne devait pas finir sans avoir produit Mme de Sévigné. On accuse, non sans raison, ces célébrités d'avoir écrit pour le public plus que pour leurs amis. Ce reproche on ne l'adressera pas à saint François de Sales. Pour lui, le désir seul d'être utile à ses correspondants guida sa plume. Il écrivit pour l'intimité, et s'il eût prévu que ses lettres dussent un jour entrer dans le domaine public, peut-être son humilité en eût-elle supprimé un bon nombre. Aussi l'étude littéraire et comparée de sa correspondance lui donnerait-elle sur les autres écrivains l'avantage du naturel et du vrai sentiment, sans compter celui d'un style inimitable et d'un fond inépuisable de doctrine.

Sa correspondance remplit plusieurs volumes. Mettons à part un nombre considérable de lettres de famille et d'affaires ; celles qui se rapportent à la piété dépassent le chiffre de neuf cents, dont six cent quatre-vingt-sept purement ascétiques, c'est du moins le calcul de l'édition Vivès. Et combien d'autres sont restées dans le secret de l'intimité ! Quel prodige qu'un évêque, absorbé par tant d'occupations, ait trouvé le loisir de suffire à une si vaste correspondance !

Monseigneur de Genève était un personnage de telle considération que toutes les classes de la société tenaient à honneur d'entrer en commerce épistolaire avec lui. D'autre part, sa nature bienveillante, accessible à tous, enhardissait les plus timides. Aussi dans ces deux volumes voyons-nous défiler tour à tour papes, cardinaux, évêques, princes, souverains, grands seigneurs, ministres, gouverneurs de provinces, dames du haut monde et de moyenne condition, nobles et roturiers, prêtres, militaires et religieux. Les personnes engagées dans les liens du mariage, aussi bien que les jeunes filles à la recherche de leur vocation ou désireuses de se former aux vertus du monde, faisaient également appel à ses lumières. Et le bon saint répondait à tous avec une infatigable charité, non quelques courtes lignes, faites plutôt pour décourager les correspondants que pour les consoler, mais le plus souvent de longues lettres, parfois de vrais traités de spiritualité.

Les lettres spirituelles sont donc la continuation, l'application et par suite le complément de l'*Introduction*, des *Entretiens* et du *Traité de l'amour de Dieu*. Ce que le saint avait enseigné didactiquement dans ces ouvrages, ses lettres l'appliquaient en pratique aux besoins particuliers des âmes. A qui débute dans la vie dévote, il apprend comment on se doit purifier par une bonne confession ; à un autre il indique les moyens de faire avec fruit la sainte communion. Tour à tour le zélé directeur initie son disciple aux secrets de l'oraison et le soutient dans les sécheresses, lui enseigne à marcher contre vents et marées, à se servir de tout pour sa sanctification, même des délaissements, cet effroyable tourment des âmes qui aiment Dieu. Il ne lui suffit pas que sa Philothée se présente à son époux pure de souillures, il la veut semblable à l'épouse des *Cantiques*, parée de son collier de perles, dans ses plus beaux atours, c'est-à-dire ornée des plus sublimes vertus. Encore ici, comme dans les grands traités, de savantes et onctueuses explications sur ces parures invisibles dont les pierreries ne sont que d'imparfaites images.

Comme il fait bon voir l'illustre évêque descendre aux plus intimes détails de la vie de famille ! Que de conseils aux personnes séculières, engagées dans les liens conjugaux, pour les conduire à une sainteté que semble exclure leur condition ! Entretenir l'union avec son époux, veiller sur sa maison, ses enfants, ses serviteurs, respecter, honorer les vieux parents et pratiquer envers eux une filiale soumission, accomplir en vue de Dieu ses devoirs de société, et sanctifier par l'intention les relations avec le monde, forcer même les bals et les toilettes à devenir un instrument de sanctification, tout comme l'habile praticien fait servir les poisons à guérir ses malades : tel est l'art merveilleux que déploie notre sage directeur dans sa belle correspondance.

C'était auprès de lui et sur son cœur de père que les âmes affligées venaient chercher consolation et force. La mort avait-elle porté le deuil au sein de la famille, on écrivait au miséricordieux évêque, et de son palais d'Annecy partait une de ces lettres pleines de baume, qui cicatrisait la plaie. La philosophie humaine trouva-t-elle jamais des accents comparables à ceux qui s'exhalaient de son âme quand il consolait son oncle de la perte d'une épouse tendrement aimée ?

« Au demeurant, Monsieur mon oncle, cette si fâcheuse séparation est d'autant moins dure qu'elle durera peu ; et que non-seulement nous espérons, mais nous aspirons à cet heureux repos auquel cette belle âme est ou sera bientôt logée ; prenons, je vous en supplie, en gré, cette petite attente qu'il nous faut faire ici-bas ; et au lieu de multiplier nos soupirs et nos larmes sur elle, faisons-le pour elle devant notre Seigneur afin qu'il lui plaise hâter la réception entre les bras de cette divine bonté, si déjà il ne lui a fait cette grâce.

« Certes, pour moi j'ai beaucoup de consolation en la connaissance que j'avais de l'intérieur de cette bonne tante, laquelle plusieurs fois, avec entière confiance, me l'avait communiqué en la sacrée confession ; car j'ai tiré une assurance que cette divine Providence, qui lui avait donné un cœur si pieux et chrétien, l'aura comblée de bénédictions en ce départ qu'elle a fait d'entre nous...

« Je m'en vais à l'église, où par le saint sacrifice je commencerai les recommandations à cette chère précieuse âme, et celle que je dois à jamais continuer pour vous et tout ce qu'elle aimait le plus. »

Ces souvenirs de piété, ces espérances de l'avenir, ces prières déposées sur une tombe valaient bien pour les survivants les consolations fatalistes d'Horace, pleurant en magnifiques vers la mort de Virgile !

Quel beau livre d'ascétisme à l'usage des fidèles du monde, si l'on extrayait de cette correspondance les maximes et les pratiques de la vie chrétienne ! Mais pourquoi des extraits ? Ces admirables pages ne perdraient-elles pas infiniment de leur charme, séparées des gracieusetés, des termes de tendresse paternelle, des mots aimables à l'adresse de l'entourage, de tous ces détails intimes dans lesquels se peint si bien la physionomie souriante du saint évêque ? Ce serait priver un tableau de maître du riche encadrement dont les enjolivures s'harmonisent heureusement avec les beautés de la toile.

Pour terminer cette étude sommaire sur les lettres de saint François de Sales, nous aurions à le suivre dans ses rapports avec les évêques, les prêtres, les religieux, surtout avec ses filles de la Visitation. Nous recueillerions les grands enseignements sur les devoirs de l'épiscopat, sur les vertus du prêtre, sur la perfection de la vie religieuse, sur les qualités et les devoirs des bons supérieurs. Nous montrerions en particulier sa conduite ferme et suave envers la coopératrice que lui avait donnée la Providence, sainte Jeanne-Françoise de Chantal. Là surtout, le saint fondateur est à l'aise. Il sent qu'en formant la mère, ses leçons descendent sur toute la famille. Les filles de Sainte-Marie ont donc en cette précieuse correspondance une continuation, un commentaire authentique des constitutions, du directoire et des entretiens. Comment l'impiété a-t-elle osé verser sa bave sur ces pages d'une pureté toute céleste dans leur paternelle suavité ? L'Église, meilleur juge des choses saintes, n'a pas, au contraire, assez d'éloges pour cette admirable correspondance, et, dans son décret du doctorat, le Saint-Siége place les lettres spirituelles sur le même rang que la *Philothée* et le *Traité de l'amour de Dieu*, les déclarant *imprégnées d'une onction toute divine, et destinées à produire les fruits les plus abondants dans les âmes* [1].

XII

VRAI ET FAUX MYSTICISME

Comme tout homme providentiel, saint François de Sales vint, à son heure, avec son grand et solide ascétisme. Les erreurs déjà écloses rencontraient en lui un adversaire redoutable ; il était un préservatif donné d'avance à l'Église contre les nouvelles erreurs qui se préparaient dans l'ombre.

Luther inaugura le mysticisme de l'inspiration, qu'il confon-

---

[1] Quæ quidem tractationes, suavi stylo et caritatis dulcedine conscriptæ, uberrimos in tota christiana societate pietatis fructus produxere, et præsertim Philothea, et epistolæ spirituales, ac insignis et incomparabilis tractatus de amore Dei, libri nimirum qui omnium teruntur manibus, cum ingenti legentium profectu.

dait à tort avec la foi. Le fanatisme en sortit avec ses mille formes du méthodisme, du piétisme, du mormonisme et les autres. C'était la ruine des œuvres, c'est-à-dire de la religion pratique, de l'ascétisme chrétien. Et si quelques vertus se sont conservées au sein du protestantisme, c'est en dépit de ses doctrines, et grâce à ce fond d'honnêteté que le péché ne détruit jamais complétement dans la nature de l'homme.

Au temps où saint Francois de Sales prêchait et écrivait, deux hommes conspiraient dans l'ombre contre la hiérarchie de l'Église, sa foi et ses doctrines morales : c'étaient Duvergier de Hauranne, le futur abbé de Saint-Cyran, et Jansénius, devenu plus tard le célèbre évêque d'Ipres. Ces dangereux sectaires, secondés par leurs disciples, allaient bientôt troubler l'Église, sous prétexte de ramener la pure morale des premiers siècles chrétiens. Dépréciant toutes les autres vertus, ils n'estimaient que la charité ; en tout ce qui n'était pas fait sous l'impulsion de cette reine des vertus, ils ne voyaient que péché. Et à quelles hauteurs inabordables ne la plaçaient-ils pas ? Aussi, à force de rigorisme, rendaient-ils inaccessibles les voies du salut, en attendant que la secte allât se perdre dans les scandales des convulsionnaires et les horreurs de la Révolution.

C'était encore le siècle qui devait voir les excès du quiétisme. Molinos en Espagne, en France la célèbre Mme Guyon et le trop confiant Fénelon, devaient s'attaquer à la vertu d'espérance, au désir des biens éternels, sous prétexte du pur amour de Dieu.

Pour protéger l'Église contre ces diverses erreurs, souvent contradictoires, il fallait des guides sûrs qui frayassent la voie à travers les écueils ; Dieu les donna à son peuple. L'ascétisme orthodoxe maintint ferme contre le protestantisme l'utilité et la nécessité des bonnes œuvres ; contre le rigorisme janséniste, il continuera à prêcher les miséricordes divines et à faire voir dans les bonnes œuvres, faites même en dehors de la charité, les dispositions surnaturelles qui mènent peu à peu jusqu'à l'entière justification ; contre les exagérations du quiétisme, il enseigna à désirer les biens de l'éternité, sans préjudice de l'amour que nous devons à Dieu ; en même temps, il soutenait que ces biens se doivent attendre non seulement de la libéralité divine, mais aussi de notre coopération à sa grâce.

Toutes ces saintes doctrines eurent pour principal défenseur notre grand évêque. Cette heureuse harmonie entre la foi, l'espérance, la charité et les œuvres, nul ne l'exposa mieux que lui ; nul par conséquent ne combattit avec plus d'efficacité le faux mysticisme qu'avait enfanté la Réforme, et qui se développa même dans la société catholique sous sa funeste influence. Aussi a-t-il mérité d'être le précurseur de la dévotion au Sacré Cœur. L'historien de Port-Royal lui en fait un reproche, mais il atténue son blâme, parce que, croit-il, on dépassa sa pensée : « La continuation prochaine de la dévotion à la Saint-François de Sales, continuation plus ou moins bien entendue, et qu'il n'aurait peut-être pas approuvée lui-même sans réserve, menait pourtant sur les mêmes pentes à ces religions du Sacré Cœur et de l'Immaculée Conception, que Port-Royal regardait volontiers comme des idolâtries. » *(Port-Royal, liv. I, sect. ix.)*

Si Sainte-Beuve eût été aussi versé dans la lecture de saint François de Sales qu'il affectait de le paraître, il aurait su que non-seulement le saint n'eût pas désavoué la dévotion au Sacré Cœur et à l'Immaculée Conception ; mais que, dans plusieurs lettres à sainte Françoise de Chantal et à d'autres religieuses de la Visitation, il enseigne à honorer le Cœur de Jésus, qu'il semble même prédire le jour où de l'ombre de ses monastères cette grande dévotion se répandra sur le monde ; et que, dans son *Traité de l'amour de Dieu,* il a soutenu théologiquement la thèse de l'Immaculée Conception de Marie.

XII

LE DOCTEUR DU DOGME

LA THÉOLOGIE SPÉCULATIVE

Les sages de notre siècle ont inventé la morale indépendante de toute religion positive. A peine le spiritualisme conserve-t-il à la base de l'édifice quelques notions purement rationnelles de la divinité ; les autres écoles se passent même de Dieu et bâtissent leur système sur un vague sentiment du juste et de l'injuste, sur un simple instinct de la nature, parfois même sur l'intérêt. Le dogme révélé est donc, pour le rationalisme, étranger à la loi morale.

L'Église, au contraire, fonde sa morale sur la révélation. Elle ne construit pas sur le sable mouvant des opinions humaines ou d'un sentimentalisme mal défini, encore moins sur la boue des intérêts matériels. Morale, ascétisme, mysticisme, tout dans ses enseignements repose sur le roc inébranlable de la vérité divine. La science approfondie du dogme est donc indispensable à qui entreprend de conduire les âmes dans les voies de la spiritualité. Plût à Dieu que cette vérité fût mieux connue !

Chaque jour on voit paraître de nombreux ouvrages de piété. Beaucoup, hélas ! passent inaperçus ; d'autres brillent et disparaissent comme l'éclair un soir d'orage ; bien peu restent, semblables à des phares lumineux, sur les chemins de la dévotion. Pourquoi cette stérilité dans une telle abondance ? N'est-ce point parce que ces pages sont plus remplies de sentiments pieux que de doctrine solide ? Il n'en fut pas ainsi des écrits de saint François de Sales. S'il brilla au premier rang parmi les ascétiques, si ses ouvrages, après deux siècles, n'ont rien perdu de leur saveur, c'est qu'il fut grand dogmatiste, et que toute sa pratique a pour base la science profonde des enseignements divins. C'est aussi pour avoir pénétré fort avant dans la spéculation théologique qu'il devint insigne controversiste, habile administrateur dans l'Église et savant canoniste.

De toutes les branches de la science sacrée, la dogmatique revendique à bon droit la première place, et par la sublimité de son objet, et parce qu'elle est le fondement de toutes les autres. Aussi, quand il s'agit pour l'Église de conférer à un saint le titre de docteur, la première condition qu'elle pose est qu'il ait excellé dans la science du dogme révélé: « Par les docteurs, dit le Pape Boniface VIII dans la décrétale souvent citée, par leur éloquence féconde, l'Église, aidée de la grâce céleste, résout les énigmes des Écritures, en délie les nœuds, en éclaire les obscurités, en explique les doutes [1]. »

---

1 Eorum etiam fœcunda facundia, cœlestis irrigui gratia influente, Scripturarum ænigmata reserat, solvit nodos, obscura dilucidat, dubiaque declarat.

Or, la science des Écritures, telle que l'entend ici le savant
Pontife, comprend non-seulement la connaissance du texte in-
spiré de nos saints livres, mais aussi celle de tout l'ensemble de
la révélation, qu'elle nous arrive par les Écritures mêmes, ou
par la tradition ; car, dans le style des anciens docteurs, Écriture et révélation sont souvent même chose.

Pour être parfaite, la science de la révélation embrasse donc
d'abord la connaissance du texte sacré et de sa légitime interprétation ; elle exige de plus que l'on soit versé dans l'étude de
l'antiquité, des écrits des Pères, des symboles et des définitions
de foi ; elle doit enfin s'étendre jusqu'à la scolastique, cette
science sur laquelle le protestantisme, le jansénisme et un peu
le gallicanisme ont voulu jeter le discrédit, mais que l'orthodoxie catholique a toujours défendue contre leurs attaques ;
science admirable, qui prenant pour principes les vérités révélées, les comparant entre elles, les éclairant des lumières de la
raison naturelle, en déduit les dernières conséquences, et forme
ainsi ce corps de doctrine qui ne laisse dans l'ombre aucune des
grandes vérités de notre sainte foi.

Donc, quand les évêques venaient déposer aux pieds du souverain Pontife leur supplique pour obtenir en faveur de saint
François de Sales les gloires du doctorat, les promoteurs de la
cause devaient démontrer, non-seulement qu'il fut heureux
controversiste et pieux ascétique, mais que ses disputes contre
les hérétiques et ses enseignements de piété reposaient sur une
science éminente du dogme catholique. Ce point de vue, rapidement exposé dans les *postulata* adressés au Saint-Siége, a
été l'objet principal auquel s'est attaché l'avocat consistorial dans
l'exposé sommaire qu'il a soumis à la Sacrée Congrégation.
Nous allons le suivre dans ses conclusions.

XIII

LA SCIENCE DES ÉCRITURES ET DES PÈRES

Saint François de Sales ne fut pas un commentateur de l'Écriture à la manière des Tostat, des Salmeron, des Cornelius a La-
pide. Il n'entreprit pas d'expliquer verset par verset tous nos

livres saints. Pour un tel travail, que de loisirs n'aurait-il pas fallu, et ces loisirs où les trouver dans les sollicitudes de l'épiscopat ? En fait de commentaires proprement dits, l'évêque de Genève n'a laissé que son *Explication mystique du Cantique des Cantiques ;* ajoutons-y les quelques fragments sur la *Genèse* et les *Actes des Apôtres*, publiés par l'abbé Migne, d'après des manuscrits de la Visitation de Modène. C'est peu sans doute, et ce peu fait regretter que le saint, empêché par ses travaux apostoliques et prévenu par une mort prématurée, n'ait pas exécuté les projets dont il entretenait un jour son saint ami, l'abbé Jean de Saint-François, général des feuillants : « J'ai pensé, lui disait-il, de faire encore quatre livres, dont le premier sera une version nette et en vulgaire des quatre évangélistes unys et alliés ensemble, en manière de concordance, selon la suitte des temps et des actions de Nostre-Seigneur ; et cela appartiendra principalement au sens littéral. Le second sera pour fonder et déduire la preuve des principaux poincts de la créance de l'Église catholique, débattus et mis en controverse, par les parolles mesmes de Nostre-Seigneur contenues dans les évangiles ; et il appartiendra à la controverse. Le troisième sera une instruction aux bonnes mœurs et à la pratique des vertus chrétiennes, et conduicte à la perfection de la vie spirituelle, par les maximes de l'Évangile et par les exhortations et enseignements mesmes de Jésus-Christ ; et cela sera pour la morale. Le dernier, sur l'histoire des actes des apostres, monstrera quelle estoit la face de l'Église primitive en sa naissance, et de l'ordre et de la conduite que le Saint-Esprit et les apostres y établirent en son premier commencement ; ce qui appartiendra à l'histoire. Et s'il me reste du temps, ajoutoit-il, nous suivrons de mesme sur les épistres de saint Paul[1]. » Le temps a malheureusement manqué, et nous en sommes au regret de n'avoir pas vu se réaliser un si beau dessein. Ce témoignage est précieux pourtant comme preuve des hautes vues de notre docteur sur les divines Écritures.

Saint François de Sales ne fut pas non plus un exégète à la façon des docteurs de Tubingue. Sa vaste intelligence se fût

----

[1] *La Vie du B. François de Sales*, par Charles-Auguste de Sales, liv. X.

trouvée à l'étroit dans cette discussion de détail qui se borne à constater par la critique historique l'authenticité d'un livre sacré, à recueillir les variantes pour assigner à chaque mot son degré de probabilité, à déterminer, avec le secours de la philologie, le sens étymologique de telle expression scripturale. Cette science en était alors à ses débuts. Notre saint ne la méprisait pas assurément. Puisque le protestantisme se servait déjà de la science des langues anciennes pour saper les croyances catholiques, il fallait bien que les défenseurs de la vérité vinssent dans l'arène se mesurer à armes égales avec les adversaires. Alors, comme aujourd'hui, l'Église eut des bénédictions et des encouragements pour ces laborieux pionniers qui défrichaient ce champ hérissé d'épines. Mais ce n'est là que l'extérieur, les préambules de la science véritable des Écritures. Celle-ci porte son vol plus haut. Elle pénètre au fond des livres inspirés, en scrute les plus secrets replis, et demande aux paroles divines d'éclairer les mystères de la vie surnaturelle. C'est là, dans ces pages célestes, qu'elle découvre les perfections divines, les merveilles de la Providence, les règles d'après lesquelles la bonté divine a coutume de distribuer ses grâces, les espérances du bonheur à venir. Là elle apprend à aimer et à pratiquer les vertus que ne connut pas la philosophie des païens. Monté sur ces sommets, qu'importent au chrétien les questions de détail dans lesquelles la critique rationaliste entraîne à sa suite l'apologétique moderne ? Saint Ambroise, saint Augustin, saint Jean Chrysostôme, saint Grégoire le Grand, saint Bernard et tous nos autres docteurs furent d'habiles maîtres dans la science des Écritures ; ils en connurent les sens les plus cachés, ils en firent jaillir tous les principes de la vie chrétienne, et cependant on ne les vit pas consacrer leur vie aux labeurs de la philologie, confronter chaque mot du texte original avec les anciennes versions autorisées par l'usage de l'Église. Cette œuvre laborieuse, le docteur de Bethléem l'avait accomplie ; mais eux, à la lettre qui tue ils préférèrent l'esprit qui vivifie.

Saint François de Sales fut de leur école. Sans négliger le sens littéral, il s'attacha de préférence au sens mystique et moral. Et que d'admirables significations ne trouva-t-il pas dans nos saints livres ! On peut dire, sans crainte d'exagérer, qu'il égala dans la science scripturale les plus célèbres de nos anciens docteurs. Faut-il convaincre les hérétiques de fausseté par le témoignage de ces mêmes Écritures qu'ils proclamaient la règle unique de la foi ? Avec quelle dextérité notre savant controversiste tourne contre eux les paroles du Sauveur et les enseignements des apôtres ! Quelle clarté d'exposition, quelle vigueur de dialectique, quand il leur oppose les textes sacrés pour démontrer les origines divines de l'Église catholique, sa visibilité, son indéfectibilité, sa constitution monarchique et les prérogatives du Siége apostolique !

Mais s'adresse-t-il aux catholiques, aux âmes pieuses qu'il désire guider vers les cimes de la perfection ? C'est encore à la sainte Écriture qu'il demande les leçons de la plus haute spiritualité. Que sont, en effet, ses livres d'ascétisme, ses sermons surtout, sinon un enchaînement de textes sacrés qui étonnent par leur apparition soudaine et charment par leurs heureuses applications ? On dirait d'un riche tissu où la main de l'artiste, entremêlant habilement les fils d'or et d'argent aux mille nuances de la soie, produit les reflets les plus variés dans leur ravissante harmonie ; ou encore des bijoux de grand prix où l'art du joaillier encadre dans les arabesques et les filigranes d'or, perles, émeraudes et émaux. C'est toujours le bouquet de Glycérie. Les textes de l'Écriture en sont les fleurs ; et les explications, toujours pleines d'onction céleste, sont les liens soyeux qui unissent ces fleurs cueillies sur tous les arbustes du parterre. Comme elle avait donc raison la sainte fondatrice de la Visitation, lorsque, déposant sur les vertus de son bienheureux père, elle disait : « Il suffisait de le fréquenter pour reconnaître que Dieu lui avait communiqué le don de la foi dans une perfection éminente, et donné sur nos mystères, sur le sens des Écritures, et la vraie doctrine de l'Église, des connaissances extraordinaires ! »

A la science des Écritures, saint François de Sales unit celle de l'antiquité chrétienne. Nous avons déjà vu le jeune étudiant de Paris plongé dans la lecture des Pères. Prêtre, prévôt de Genève, évêque, il ne renonça pas à des études que sa nouvelle condition rendait plus que jamais nécessaires. Nous ne ferons pourtant pas de notre saint un Petau, un Sir-

mond, un Thomassin. Il ne lui fut pas loisible de fixer son sé-
jour dans les bibliothèques, au milieu des trésors que nous ont
légués les premiers siècles du christianisme. Et puis, quand
vivait saint François de Sales, les bénédictins n'avaient pas
encore vulgarisé ces admirables écrits, en attendant les patrolo-
gies modernes. Mais la connaissance des Pères et des conciles,
telle qu'elle pouvait exister de son temps et dans la position où
l'avait mis la divine Providence, saint François de Sales la pos-
séda à un degré supérieur. Nous en avons pour preuves les nombreuses citations qui abondent dans ses livres et ses sermons ;
citations souvent développées, souvent aussi, quand le temps lui
manquait, jetées sur le papier comme un thème sur lequel en
chaire devaient s'exercer sa douce éloquence et son élocution
facile.

Cette connaissance approfondie de l'Écriture, des Pères et des
conciles ne justifie-t-elle pas déjà l'éloge que faisait de lui le savant cardinal du Perron, d'être le plus grand théologien de son
siècle ? Combien plus cette louange sera-t-elle juste si nous con-
sidérons jusqu'où il poussa la science de la théologie scolastique !

XIV

LE DOCTEUR DU DIVIN AMOUR

Quel rang aurait occupé dans la théologie scolastique notre
saint docteur si, au lieu de l'élever aux fonctions de l'épiscopat,
la divine Providence l'eût placé sur une chaire d'université ? C'est
la question que nous nous sommes posée maintes fois en lisant
les magnifiques pages du titre premier du *Codex Fabrianus*,
qui a pour auteur, nous l'avons dit, le saint ami du président
Favre. La théologie scolastique était glorieusement représentée
au commencement du dix-septième siècle. Rome applaudissait
aux savantes leçons de Suarez et de Vasquez; la Belgique se
glorifiait de son Lessius; tandis qu'à l'université de Paris, les
docteurs Isambert, Gamache et André Duval, rappelaient les
beaux jours de l'ancienne école. Il ne nous appartient pas de
faire des comparaisons entre ces hommes illustres et l'évêque de

Genève ; mais il nous semble que, livré entièrement aux études
sacrées, celui-ci ne l'aurait en rien cédé à ces illustres maîtres,
si même il ne les eût pas dépassés. A voir la vigueur du raisonnement, la netteté et la sobriété du style, l'exactitude de l'expression, partout où il expose les doctrines de la théologie, ajoutons l'élégance de l'élocution, même quand il parle la langue
de la scolastique, il est facile de reconnaître un de ces esprits
supérieurs dont l'apparition fait époque dans les universités. Sa
place vraie ne serait-elle pas entre saint Thomas d'Aquin et saint
Bonaventure? Comme le premier, il serait le Chérubin qui
éclaire ; comme le second, le Séraphin qui embrase.

Notre jugement n'est que l'écho bien affaibli de celui que portaient ses contemporains. Nous avons dit quel rang lui assignait
le cardinal du Perron ; le docte Lessius se consolait des attaques
auxquelles étaient en butte ses doctrines sur la prédestination,
par l'approbation qu'il recevait du savant prélat ; la Sorbonne
déclarait que ses œuvres le mettaient à côté des Grégoire, des
Jérôme, des Ambroise et des Augustin ; à Rome même, la réputation du saint était considérable. En voici la preuve.

Une grande question s'agitait alors entre les Frères Prêcheurs
et les religieux de la Compagnie de Jésus. Comment concilier
le libre arbitre de l'homme avec la toute-puissante efficacité de
la grâce ? Les théologiens de l'ordre de Saint-Dominique, pé-
nétrés surtout de la toute-puissance divine, faisaient à l'action
de la grâce une part qui semblait détruire la liberté de l'homme.
C'était du moins le reproche que leur adressaient leurs adversaires. Ceux-ci, de leur côté, ne niaient pas la puissance divine,
mais ils soutenaient que la détermination définitive de l'acte mé-
toire est l'œuvre de la volonté créée que prévient et aide la grâce
divine ; doctrine, au dire de leurs contradicteurs, qui renouvelait
les erreurs autrefois condamnées du semi-pélagianisme. Pour
termier la querelle, le pape Clément VIII avait institué la congrégation si connue dans l'histoire ecclésiastique sous le nom de *de
Auxiliis*. Mais le pontife mourut sans avoir prononcé de sentence, léguant à Paul V, son successeur, le soin de mettre fin à
la controverse. Les débats cependant se prolongeaient et la lumière ne se faisait pas. Paul V recourut alors à la science du saint
évêque de Genève. Il le connaissait et l'appréciait au point de

le désigner déjà pour les honneurs du cardinalat. Aussi, avant de
se déterminer sur une question de cette importance, voulut-il
avoir son avis. La lettre par laquelle le savant évêque répondit
à la confiance du pape ne se retrouve pas dans le recueil de ses
œuvres ; peut-être l'autographe attend-il dans les archives du
Vatican que la main d'un érudit heureux la tire de la poudre où
elle est enterrée depuis plus de deux siècles. L'historien du
saint nous en a cependant conservé la substance ; la voici :

« La dispute de cette question estoit grandement dangereuse,
et avoit en ses extrémités des hérésies ; c'est pourquoy que celui
qui s'y enfonçoit par trop prist garde de ne tomber pas. Au
partir de là, qu'il y avoit beaucoup d'autres choses desquelles
l'Église gémissoit, et auxquelles il falloit plus tost avoir du
soing, qu'à l'éclaircissement de cette question, qui n'apporteroit
point de bien à la république chrétienne, et y causeroit beaucoup
de mal, puisque les temps estoient plus tost disposez au mal qu'au
bien ; et quant à ces très-subtils esprits des dominicains et des
jésuites, qu'ils s'accorderoient toujours assez [1]. »

Qui n'admirerait la prudence et la modération du grand évêque ! De quel côté inclinait sa haute intelligence, on le sait assez
par son *Traité de l'amour de Dieu* et par sa lettre à Lessius.
Le vieux docteur de Coïmbre, Louis Molina, dut tressaillir dans
son tombeau, quand au nombre de ses disciples se rangeait le
savant et saint prélat. Mais saint François de Sales ne pensait
pas que la controverse entre deux ordres également dévoués aux
saines doctrines de l'Église dût être tranchée à coup d'autorité ;
il jugeait avec raison que « dominicains et jésuites s'accorderoient toujours assez ; » que le plus sage était de préparer cette
conciliation en imposant silence aux deux parties : conseil qui
prévalut et détermina le pontife romain à porter la célèbre sen-

---

[1] *La Vie du B. François de Sales,* par Charles Auguste de Sales, liv. VII.—
En cet endroit le pieux biographe raconte à quelle occasion le saint évêque eut
l'honneur d'être consulté, nous dirions presque d'être choisi pour arbitre par le
Saint-Siège. Les lettres du prélat Germonio, référendaire des deux signatures, lui
avaient appris l'état de la dispute ; il répondit en déplorant une querelle qui scan-
dalisait les fidèles et n'était pas sans dangers pour la foi. Sa lettre lue au Souverain-
Pontife, lui plut au point qu'il ordonna au prélat Germonio et au cardinal Arrigoni
de demander de sa part à saint François de Sales son sentiment sur toute cette
question.

tence permettant que chacune des deux écoles soutînt librement son opinion.

Mais où brille surtout la science théologique de saint François de Sales, c'est dans son *insigne et incomparable Traité de l'amour de Dieu (Insignis et incomparabilis tractatus de amore Dei)*, comme porte le décret du doctorat. Souvent, sans doute, ce beau livre est placé au nombre des ouvrages ascétiques du saint docteur, parce que la pratique y tient une large place ; mais les hautes spéculations de la théologie y dominent. C'est pourquoi le sommaire, présenté à la Congrégation des Rites, le place parmi les livres ascético-dogmatiques. Le général des Feuillants, l'ami de saint François de Sales, l'appelait « une somme très-accomplie de théologie amoureuse ; » et sainte Françoise de Chantal disait que dans cet admirable traité « on voit son éminence en la science des saints. »

Lisant le titre de l'ouvrage et sachant qu'il a pour auteur le grand évêque de Genève, qui ne croirait tenir un livre où les sentiments de la plus tendre piété, mêlés aux grâces de la plus riante imagination feront quelque peu oublier le fond de la doctrine ? Mais quelle surprise à la lecture des premières pages, ou en parcourant la table des chapitres ! Le doux évêque est sorti du parterre « diapré de fleurs infinies ; » il n'y fait plus que de rapides apparitions. Au sourire qui semblait fixé sur ses lèvres a succédé la gravité, toujours paternelle pourtant, du théologien consommé. Chaque phrase, chaque parole est choisie et répond avec une rigoureuse exactitude aux plus sublimes enseignements de la scolastique. Si, par intervalle, les comparaisons viennent embellir les routes du divin amour, et comment ne reviendraient-elles pas sous la plume de saint François de Sales ? elles y sont moins pour récréer que pour instruire et projeter leur clarté sur les obscurités des mystères.

Le *Traité de l'amour divin* est la somme théologique de notre saint. Bien différente pour la forme de celle de saint Thomas et des anciens docteurs, elle n'en est pas moins complète en son genre : « J'ai touché quantité de poincts de théologie, dit-il lui-même en sa préface, mais sans esprit de contention, proposant simplement, non tout ce que j'ay jadis appris ès disputes, comme ce que l'attention au service des âmes et employ de vingt-quatre années en la saincte prédication, m'ont fait penser être plus convenable à la gloire de l'Évangile et de l'Église [1]. » Beaucoup de théologie, pas de controverse, mais exposition simple de la doctrine : voilà ce que nous promet le saint docteur. Ce n'était pas, en effet, une œuvre d'enseignement didactique, avec la série suivie des thèses théologiques et la forme rigoureuse de l'argumentation. Écrivain ascétique en même temps que spéculatif, saint François de Sales se proposait de tempérer les formes sévères de la scolastique par l'onction persuasive de la positive.

Libre dans le choix du sujet, son cœur embrasé des divines flammes se tourna comme naturellement vers l'amour de Dieu, autour duquel il groupa toutes les vérités de la révélation. Ainsi, dans les siècles passés, saint Jean Damascène avait résumé les dogmes chrétiens dans son traité *de Fide orthodoxa*, saint Augustin dans l'*Enchiridion de fide, spe et charitate;* plus anciennement encore et dès l'aurore du monde nouveau, saint Denis l'Aréopagite dans son traité des noms divins et de la céleste hiérarchie. De même que, entre les évangélistes, saint Jean fut celui de l'amour, ainsi, parmi les docteurs, saint François de Sales fut le plus grand interprète de la divine charité. N'était-il pas, lui aussi, comme saint Jean, le disciple privilégié du Cœur de Jésus?

Ce fut une belle conception que de rattacher toute la vérité catholique et toute la morale chrétienne à l'amour de Dieu. La charité est la vertu par excellence, celle à laquelle conduisent toutes les autres, qui les dirige toutes comme la reine gouverne les servantes ; qui s'en fait un noble cortége dont elle n'est jamais séparée ; qui, commencée en ce monde, survit à notre existence terrestre et se continue durant l'éternité, alors que la foi et l'espérance, remplacées par la vision béatifique et la possession de Dieu, sont devenues des vertus incompatibles avec ce bienheureux état.— L'œuvre providentielle de Dieu a donc pour but unique de produire en nos âmes cet amour céleste ; et toute l'œuvre de l'homme ici-bas doit être de répondre aux invitations de Dieu et de s'élever jusqu'au faîte de la divine charité. Ana-

---

[1] *Traité de l'amour de Dieu,* préface.

lyser ce double travail, celui de Dieu et celui de l'homme, c'était donc pénétrer au cœur même de la religion surnaturelle et se donner vaste champ pour exposer toutes les merveilles qu'opère sans cesse la bonté divine en faveur de ses créatures raisonnables.

Le saint docteur entre résolûment dans cette carrière immense et la parcourt d'un pied assuré, sans jamais se heurter aux obstacles qui surgissent à chaque pas. C'est, d'abord, une savante analyse des facultés psychologiques, dans laquelle il constate la royauté de la volonté sur toutes les passions de l'âme, et montre au sommet de la volonté, l'amour régnant en maître sur toutes nos affections. Le docteur de la charité expose ensuite les convenances qui existent entre Dieu et nous, non-seulement dans l'ordre de la grâce, mais aussi dans celui de la nature ; l'âme naturellement inclinée vers Dieu, même depuis la chute ; inclination qui, malheureusement, reste inefficace dans l'état de dépravation et d'infirmité auquel nous a réduits le péché. Et pourtant ce n'est pas un vain présent que Dieu, auteur de notre être, nous fit au jour de notre naissance. Car, lorsque sa grâce nous provoque à l'amour surnaturel, l'inclination inséparable de notre nature aide puissamment notre volonté à surmonter les obstacles.

Voilà déjà notre docteur en opposition avec les erreurs du protestantisme ; avec celles que Michel Baïus avait naguère renouvelées à Louvain, et que Jansénius, dans son *Augustinus*, se préparait à propager sous l'autorité faussement invoquée du grand docteur de la grâce. Ces sectaires enseignaient que la nature humaine n'avait rien sauvé du naufrage, ni inclination vertueuse, ni libre arbitre ; l'homme était, pour eux, un tronc inerte que façonne à son gré la main de l'artisan, une bête de somme que son cavalier fait tourner à son gré ; la volonté n'était qu'une balance dont les plateaux inclinent du côté de la vertu ou du vice, selon que les mouvements involontaires imprimés du dehors les feront pencher à droite ou à gauche. En conséquence, Dieu, maître absolu de nos volontés, est la cause unique du péché comme des bonnes œuvres ; de son caprice dépend aussi notre sort éternel, car c'est lui qui, dans les décrets absolus, prédestine les uns au salut et réserve les autres à la damnation. Nous voici aux désespérantes doctrines du calvinisme et du jansénisme touchant la prédestination et la réprobation. Et, pour ne pas diviser cet exposé succinct des erreurs qui dénaturaient alors les lois de la Providence dans l'ordre surnaturel, Luther, Calvin et les protestants, logiques dans leurs doctrines sur l'efficacité de la foi, comptaient pour rien la charité, surtout la charité agissante ; Baïus, au contraire, et bientôt après Jansénius et toute son école ne faisaient cas que de la charité, condamnant sans pitié toute œuvre dont elle n'est pas le principe.

Aux erreurs du passé comme à celles de l'avenir, Dieu opposait le docteur véritable du saint amour. Avec quelle fermeté de doctrine saint François de Sales ne décrit-il pas le plan merveilleux de la divine bonté dans l'œuvre de notre réparation ? C'est le remède universel à la chute qui entraîne dans la ruine le genre humain ; c'est Dieu tendant la main de sa miséricorde à tout homme sans exception, et préparant les trésors de ses grâces pour quiconque ne met pas volontairement obstacle à sa libéralité ; c'est cette même sagesse variant les dons de sa bonté, suivant des desseins à nous inconnus. Et là, avec cet instinct de la vérité qui lui était naturel, l'enfant de la sainte Vierge se complaît à décrire les richesses célestes répandues dans l'âme de Marie au premier instant de sa conception. Nous le voyons encore ici, comme pour l'infaillibilité pontificale, devancer de plus de deux siècles les définitions de l'Église, et formuler, comme l'a fait de nos jours le vicaire de Jésus-Christ, les enseignements de la révélation touchant la conception immaculée de Marie. C'est l'œuvre de la rédemption, le fruit du sang de Jésus remontant du fils à la mère, non pour la purifier, mais pour la préserver, et manifestant ainsi, dans toute son étendue, l'efficacité du grand sacrifice [1].

Les mystères de la grâce et de la prédestination n'eurent jamais plus éloquent interprète contre l'hérésie pélagienne. Notre docteur enseigne que sans la grâce il nous est radicalement impossible d'opérer le bien dans l'ordre surnaturel ; il reconnaît pourtant à la nature la vertu d'opérer quelque bien par ses propres

____
[1] Liv. II, ch. vi.

forces, mais un bien qui ne contribue en rien à la sanctification. La grâce qu'il admet n'a rien à faire avec celle du jansénisme, qui violente la volonté et l'entraîne fatalement au bien. C'est celle à laquelle l'homme peut résister et résiste trop souvent, qui cependant est toute-puissante pour faire surmonter tous les obstacles, quand on se montre docile à ses inspirations [1].

[1] Encore une bévue de Sainte-Beuve ! Le spirituel critique a cru qu'avec de l'esprit et la lecture de quelques pages sorties de Port-Royal il avait droit d'entrer sur le terrain de la théologie. Il s'est passé cette fantaisie, et saint François de Sales en a fait les frais.

Il commence par faire de notre saint un semi-pélagien : « Saint François de Sales pour le dogme était de ce *christianisme général*, comme on l'entend aisément hors de la théologie, et même hors d'une pratique rigoureuse, du christianisme qui, *malgré saint Augustin et les conciles répresseurs du sémi-pélagianisme*, avait transpiré dans toute la chrétienté, et faisait loi, ou du moins flottait dans les esprits, selon l'idée commune de la mansuétude de l'Évangile. » (*Port-Royal*, l. I, c. ix.) — Beau début ! Saint François de Sales semi-pélagien, et avec lui toute la chrétienté ! Mais quelle preuve pour soutenir une pareille assertion ? Sainte-Beuve la trouve en ce qu'enseigne notre saint évêque de la rédemption générale, de la naturelle inclination laissée à l'homme, même après le péché, d'aimer Dieu ; de la miséricorde dont use la bonté divine envers celui qui fait son possible pour opérer bien. « Voilà conclut-il, qui est formel contre l'élection gratuite et la prédestination.» (P. 223.) — Bientôt pourtant notre académicien se rassure touchant l'orthodoxie du saint ; orthodoxie en Port-Royal, bien entendu. Il en trouve le motif dans le *Traité de l'amour de Dieu* : « De même que la première grâce ne tombe pas sous le mérite, dit le saint évêque, la dernière, qui est la persévérance finale, ne se donne pas non plus au mérite. » Et le critique ajoute incontinent : « Voilà donc la gratuité de la grâce qui semble formellement reconnue. » (P. 253.) — Naïve surprise du pauvre littérateur ! Comme si la théologie catholique n'avait pas mille fois expliqué de quelle manière la rédemption offerte à tous et les dispositions de la Providence qui prépare les dons surnaturels à ceux qui ont observé la loi naturelle autant qu'il est en eux, s'accordent avec la gratuité de la grâce ? Seuls les jansénistes ont nié cet accord.

Ailleurs, Sainte-Beuve s'étonne que l'auteur du *Théotime* enseigne que la pénitence n'est pas parfaite sans l'amour de Dieu ; sa naïveté de néo-théologien y voit un symptôme de pacification entre l'évêque de Genève et l'abbé de Saint-Cyran. Mais le concile de Trente n'avait-il pas formellement défini ce point de doctrine, et ne se retrouvait-il pas dans tous les moralistes, même dans ceux de la Compagnie de Jésus ?

Voici qui est plus merveilleux. Comment concilier ce que l'académicien libre-penseur regardait peut-être comme une contradiction de saint François de Sales? Un mot de Pascal lui vient en aide : « La vertu, avait dit le philosophe après la scolastique, n'est pas aux extrêmes, mais au milieu ou à *l'entre-deux*. » *L'entre-deux*, voilà ce qui explique les antilogies de saint François de Sales, c'est-à-dire qu'il n'admet ni la complète gratuité de la grâce, ni l'absolue puissance de la nature, ou plutôt que, selon le besoin, il soutiendra tour à tour l'un ou l'autre, tantôt semi-pélagien, tantôt augustinien ; c'est l'homme dont la bouche souffle le froid et le chaud.

Sainte-Beuve est heureux de la découverte. Il la pousse jusqu'aux dernières conséquences. Pourquoi le saint évêque est-il, dans ses controverses, si fort partisan de l'infaillibilité et admirateur déclaré du gouvernement ecclésiastique ? Pourquoi, au contraire, dans l'entretien secret avec la Mère Angélique, ces gémissements sur les abus de la curie romaine? Encore l'*entre-deux*... Comment accorder les louanges prodiguées au duc de Savoie dans la préface du *Théotime* avec ses amères récriminations,

Les merveilleuses opérations de la divine bonté, le saint Docteur les suit pas à pas. Il ne se lasse pas de redire « comme Dieu, par un progrès plein de suavité ineffable, conduit l'âme qu'il fait sortir hors de l'Égypte du péché, d'amour en amour, comme de logement en logement, jusqu'à ce qu'il l'ait fait entrer en la terre de promission, je veux dire en la très-sainte charité [1]. » Arrivé à cette divine vertu, de quelles couleurs il dépeint ses beautés ! Comme il la montre rayonnante sur son trône, entourée du cortége de toutes les vertus théologales ou cardinales, embellie des dons du Saint-Esprit, vivifiant l'âme chrétienne et l'excitant sans cesse à la pratique des plus héroïques vertus ! « Avec la foy et l'espérance, elle fait sa résidence en la pointe et cime de l'esprit, et comme une reine de majesté, elle est assise dans la volonté comme en son trône, d'où elle répand sur l'âme ses suavités et douceurs, la rendant par ce moyen toute belle, agréable et aimable à la divine bonté [2]. »

Comment s'accroît cette divine charité, par quels actes elle se conserve et manifeste sa présence, quels dangers elle court dans le monde : autant de questions à la fois spéculatives et pratiques que développe le saint docteur ; mais les exigences de la brièveté nous défendent de le suivre. Qu'il nous soit permis d'indiquer encore, toujours d'après notre auteur, le terme

---

toujours au courant du fameux entretien ? Encore l'*entre-deux*. Écoutez plutôt : « De contraste en conciliation, je suis amené à un dernier *entre-deux* qui est caractéristique chez saint François de Sales, et qui peut seul achever de donner la mesure, je veux dire l'alliance qui se faisait en lui de la vertu mystique, contemplative, la charité dans toute sa candeur, et la finesse du jugement humain dans toute sa sagacité. (P. 256.) » Et plus loin, parlant de la préface du *Traité de l'amour de Dieu* et des éloges donnés au duc de Savoie, il explique de quelle nature était cette sagacité : « Saisissant une action du duc qu'il pouvait louer en conscience, il accumulait tous les autres éloges imaginaires qu'il ne pensait guère, et dont il voulait lui faire, j'aime à le croire, des conseils détournés. Ne craignons pas de surprendre ainsi le cœur humain à nu, et son *incurable duplicité*, même dans l'âme des plus saints. » (P. 267.) — Puis, abordant la question du pape et de la cour romaine : « Il en pensait mal, il l'a dissimulé, il en a dit bien... Au dehors, dans ses écrits, dans sa conduite, il s'est incliné ; il a célébré l'unité auguste de l'Église, et les vertus absentes qu'il aurait voulu y voir renaître et briller. L'unité lui paraissait si essentielle et si fondamentale qu'il y a tout dirigé, qu'il y a fait plier le détail, là même où il le sentait fautif et gâté. » (P. 268.) La duplicité dans le cœur de saint François de Sales, celui qui, même dans sa première enfance, ne sut jamais mentir ! O incurable audace de la libre pensée !

[1] Liv. II, ch. xxii.

[2] *Ibid.*

sublime auquel aboutit le saint amour dans la vie présente et dans l'avenir : la possession du Dieu de toute bonté. Sur la terre même nous commençons à posséder Dieu par l'oraison. Le saint trahit ici les secrets de son cœur. Il décrit, comme un homme qui les connaît par expérience, les douceurs de la contemplation, le doux sommeil de l'âme dans le sein de Dieu [1], le bonheur du cœur épris d'amour pour l'infinie bonté : ineffables délices, avant-goût et présages de celles que l'on ne goûte qu'au ciel. C'est au milieu de ces grandes questions que paraît en toute sa splendeur la science du saint évêque. Il fait appel aux Écritures, résume les enseignements des Pères, il y ajoute les lumières qu'il a puisées lui-même dans la méditation des vérités célestes pour redire les joies que Dieu réserve à ses fidèles serviteurs. Là, avec toute la clarté que comporte le langage humain en de si sublimes vérités, il rappelle les enseignements de l'Église touchant l'auguste Trinité, nous fait assister au mystère de l'éternelle génération du Fils, de la procession du divin Esprit ; il redit comment les bienheureux, le regard fortifié par la lumière de la gloire, pourront fixer les rayons de la divinité, que notre œil mortel ne contemple ici-bas qu'à travers les voiles de la foi.

C'est ainsi que dans son vaste cadre saint François de Sales a su rassembler autour de la reine des vertus toutes les merveilles de la vie surnaturelle, tous les enseignements de la théologie. Aussi quelle tendresse en son cœur pour cet ouvrage, son enfant de prédilection ! Que de labeurs il s'imposa, afin que le livre fût digne du sujet ! A voir ces allures dégagées, ce style souriant, l'aisance avec laquelle coule la pensée toujours limpide, ces pages où rien ne sent la gêne et la recherche, où l'âme de l'auteur nage comme naturellement dans cet océan de vérités, sans jamais se heurter aux écueils dont est semée la route, on croirait que ce magnifique traité est sorti tout formé de son cerveau, comme la Minerve antique de celui de Jupiter. Mais écoutons le témoignage de Pierre Camus, son disciple. « Son *Traité de l'amour de Dieu* est une pièce fort estudiée et laborieuse, quoique rien n'y paroisse de travaillé, beaucoup moins de forcé, par ce que il écrivoit avec une clarté et un

<hr>

[1] Liv. VI et VII.

jugement à ravir. Une fois il lui arriva de me dire que quatorze lignes de ce livre-là lui avoient causé la lecture de plus de douze cents pages de grand volume, c'est-à-dire en feuilles *(in-folio)*. Ma curiosité, ajoute l'évêque de Belley, me porta aussi tost à lui demander où elles estoient : mais il détourna ce propos dextrement, me disant que je connoistrois par là la foiblesse et pesanteur de son esprit. Nous parlions alors de la grâce efficace, et il me renvoya au *Théotime* pour y apprendre son sentiment. Je lui dis que je m'efforçois de l'y suivre ; mais que je ne l'y pouvois attraper ; ce qui me laissa une conjecture que c'était cette matière qui l'avoit si fort porté à la lecture. [1] »

Après l'*Introduction à la vie dévote*, Bruno d'Affringues, général des Chartreux, suppliait saint François de briser sa plume, désespérant qu'elle pût jamais rien écrire de plus par-fait. Après le *Théotime*, il le conjurait pour l'honneur de Dieu qu'il « ne s'adonnast à rien autre qu'à escrire [2]. » Nous regrettons que le dernier vœu du vénérable cénobite n'ait pas été réalisé. Cependant, quand une mort prématurée vint enlever à l'Église le grand évêque, jetant un dernier regard sur les *Controverses*, l'*Introduction à la vie dévote*, le *Traité de l'amour de Dieu* et les divers écrits qui viennent se ranger autour de ces chefs-d'œuvre, il put dire avec plus de raison que cet ancien poète : j'ai construit un monument plus durable que l'airain : *Exegi monumentum.*

XV

LE PROCÈS DU DOCTORAT

Ce n'est pas d'aujourd'hui qu'est née la pensée d'inscrire saint François de Sales au nombre des docteurs. Déjà de son

---

[1] *Esprit de saint François de Sales* (1639), 3e part., p. 3, ch. **xv.** — Ce passage a été supprimé dans les éditions suivantes. — Le recueil des œuvres de saint François de Sales renferme un fragment, longtemps inédit, sur la manière dont la charité dirige les autres vertus. C'est un magnifique résumé de la doctrine de saint Thomas sur la vertu de charité. Ne serait-ce pas un débris des premiers travaux de notre saint sur l'amour de Dieu ? Pierre Camus, aux paroles citées plus haut, ajoute : « Tant y a qu'en une autre occasion, comme je me plaignois de la brièveté de ce livre-là, il me dit qu'il en avoit retranché plus de la moitié, quand il le voulut donner au public. Oh ! quel dommage ! »

[2] *La Vie du B. François de Sales*, par Charles-Auguste de Sales, liv. VIII.

vivant, la Sorbonne, nous l'avons dit, le comparait aux quatre grands docteurs de l'Église. Quand, un demi-siècle plus tard on traitait le procès de sa canonisation, les cardinaux, archevêques et évêques appelés à donner leur suffrage, louaient tout d'une voix, l'excellence de sa doctrine, et le proclamaient un de ces astres brillants que Dieu allume parfois au firmament de son Église pour dissiper les ténèbres de l'erreur. Le pape Alexandre VII dans la bulle de canonisation exaltait sa charité, « qui de son fonds inépuisable a produit tant de livres excellents, dont les maximes salutaires, comme autant de ruisseaux d'une source pure et féconde, s'insinuant agréablement dans les âmes des lecteurs, de quelque condition qu'ils fussent, y ont fait germer les pratiques de la vie spirituelle, suivies d'une ample moisson de toutes les vertus. »

Le siége apostolique a plus d'une fois encore prodigué les éloges à la science et aux œuvres du saint évêque. Ces louanges étaient même entrées dans la sainte liturgie. Car, dans la légende du deuxième nocturne du jour de sa fête, il est dit : « Par ses écrits, remplis d'une doctrine céleste, il a illustré l'Église, et montré un chemin sûr et aisé pour arriver à la perfection chrétienne [1]. »

Depuis deux siècles toutes les Églises demandent à Dieu en ce même jour qu'il nous dirige par les enseignements du saint dans les voies du salut : *ejus dirigentibus monitis.* Enfin une concession spéciale du Saint-Siége, accordée à l'ordre de la Visitation et au diocèse d'Annecy, autorise en son honneur l'antienne suivante qui célèbre et la science dont le saint fut rempli, et l'usage qu'il en fit en faveur des fidèles : « Le Seigneur a rempli saint François de l'esprit d'intelligence, et celui-ci a distribué au peuple les eaux de la sainte doctrine [2]. »

L'Église n'avait jamais loué en termes plus magnifiques la science des anciens docteurs. Que manquait-il donc à la gloire du saint évêque ? Un dernier décret prononçant officiellement que, dans le calendrier ecclésiastique, il prendrait rang

---

[1] Suis etiam scriptis cœlesti doctrina refertis, Ecclesiam illustravit, quibus iter ad christianam perfectionem tutum et planum demonstrat.

[2] Replevit sanctum Franciscum Dominus spiritu intelligentiæ, et ipse fluenta doctrinæ ministravit populo Dei.

désormais à côté des Ambroise, des Augustin, des Thomas
d'Aquin et de tous les autres maîtres de la vérité catholique.
Ces désirs avaient rencontré un brillant interprète dans un prélat italien Mgr Parocchi, alors évêque de Pavie, aujourd'hui
archevêque de Bologne et cardinal. Dans un savant article que
publiait la *Scuola cattolica*, il rappelait ce qu'est dans l'Église
la dignité de docteur, et à quels titres le saint évêque de Genève
pouvait y prétendre. Il le montrait avec ses beaux écrits desti-
nés tour à tour à combattre l'hérésie ou à instruire les âmes
pieuses ; et comme récompense, il sollicitait pour lui une place
parmi ceux que l'Église salue comme ses maîtres.

L'Allemagne unissait ses vœux à ceux du docte prélat. Là
aussi les ouvrages de saint François de Sales rencontraient de
chauds admirateurs et d'innombrables lecteurs. Ils étaient tous
traduits et plusieurs fois réédités.

Que dire de la France, cette patrie d'adoption du saint enfant
de la Savoie ? Quel prédicateur, depuis les temps de Bossuet et
de Bourdaloue, eût osé entreprendre son panégyrique sans
exalter sa science des choses de Dieu, et former hautement le
souhait de le voir inscrire au rang des interprètes les plus autorisés de la vérité céleste ?

Mais ce souhait était ardent, surtout parmi les populations de
la Savoie, cette antique province encore toute imprégnée du
souvenir de son aimable saint. On a dit qu'Annecy, avec tous ses
souvenirs, était un reliquaire de saint François de Sales. Ne
pourrait-on pas étendre cette parole à la contrée entière ? Tout,
au sein de ces vallées, parle de lui ; chaque hameau, chaque
église, presque chaque maison conserve et montre avec orgueil
les traces de son passage. Ici le saint priait ; là l'apôtre prêchait ;
ailleurs le thaumaturge opérait des prodiges ; partout les bénédictions du ciel portaient la consolation aux cœurs affligés. Ces
enfants des Alpes n'avaient-ils pas droit, plus que les autres
catholiques, de solliciter pour leur saint la couronne du doctorat ? Les ministres de l'Église surtout imploraient cette faveur.
A l'ombre des hauts sommets dans le diocèse d'Annecy, vit un
clergé pieux, instruit, attaché aux saines doctrines, que les dernières agitations du gallicanisme et du libéralisme n'ont pu en-
tamer, grâce sans doute à l'esprit profondément romain que lui

a inoculé son illustre protecteur. Ce clergé a compris le trésor
que Dieu lui avait donné, et il en est saintement fier. Il connaît
à fond ses écrits, il en est nourri ; en les lisant, le jeune sémi-
nariste se forme à la piété et à la science ; nous pourrions citer
tel prêtre qui a su y trouver tout un magnifique plan de théologie dogmatique ; un autre qui se prépare à donner au public
un charmant traité des vertus chrétiennes et religieuses,
entièrement tiré des ouvrages du saint ; tel autre a eu la
gracieuse pensée de recueillir la flore de saint François de
Sales.

Aussi quel pieux enthousiasme quand, dans une retraite pastorale, l'abbé Combalot, de pieuse et apostolique mémoire,
engagea le clergé de la Savoie à demander, en faveur du saint
bien-aimé, la qualification de docteur ! Comme il trouvait écho
parmi ses compatriotes, le savant abbé Martinet, quand lui
aussi il se faisait le promoteur de cette belle cause ! Le temps
allait venir où ces désirs se réaliseraient. Le pape Benoît
XIV dit que le titre de docteur se confère par l'autorité du
pape ou des conciles. Pape et concile se sont unis pour le donner à notre bien-aimé saint.

Le concile du Vatican comptait parmi ses membres deux évêques, appelés par la Providence à se partager l'héritage de
saint François de Sales. L'un, vénérable vieillard, homme de
science profonde comme l'attestent ses ouvrages, a reçu en
partage cette partie du troupeau que l'hérésie n'infecta pas de
son souffle impur ; il vit heureux et aimé, comme son doux
prédécesseur, au milieu du peuple dont il est le père, à l'ombre de la cathédrale qui fut autrefois l'église du saint prévôt,
en face de l'humble demeure ou l'évêque et prince de Genève
attendait dans l'exil le jour, qu'il ne vit pas, hélas ! où la ville
repentante ouvrirait ses portes au légitime pasteur. L'autre,
jeune, éloquent, animé du zèle ardent qui précipitait le prévôt
de Genève dans la mêlée contre l'hérésie ; comme son prédécesseur, banni du milieu du troupeau que lui confia le suprême
Pasteur ; attendant lui aussi aux portes de Genève que la ville
coupable rappelle son père en Dieu ; et consacrant, comme autrefois l'*éloquent Allobroge*, ses loisirs forcés et les talents que
le ciel lui départit, à évangéliser la France ; chéri de tous comme

son prédécesseur, comme lui ramenant à la foi bien des cœurs égarés, et conduisant dans les sentiers de la perfection les âmes avides de sainteté.

A Mgr Magnin, évêque d'Annecy, revenait l'honneur de rédiger le postulatum et de déposer aux pieds du Souverain-Pontife l'expression des vœux de son diocèse et de l'ordre entier de la Visitation ; à Mgr Mermillod, suffragant de Genève, celui d'appuyer la demande de l'autorité de son nom et de sa position, et de lui prêter le concours de ses actives démarches.

Nous voudrions reproduire ici le remarquable postulatum de Mgr l'évêque d'Annecy. Nous y retrouverions en germe les arguments exposés avec tant de talent par M. l'avocat Alibrandi, chargé de défendre la cause devant la Sacrée Congrégation des Rites.

Contentons-nous d'une courte citation. Le savant prélat dit en terminant sa supplique : « La gloire de saint François, déjà objet de tant de louanges, prend encore de nos temps de nouveaux accroissements. Devant ce nom vénéré et plein de suavité les passions violentes et hostiles s'apaisent ; et, dans ce siècle, il n'est pas de nom plus propre à concilier les esprits ennemis avec la doctrine et les pratiques catholiques. Ses écrits d'or, au lieu de vieillir, sont sans cesse réédités, au grand profit de tous ; car les erreurs qui battent en brèche la société moderne, sont les corollaires de celles que combat saint François. Il vit donc toujours immortel par ses œuvres et ses écrits. Il est même pour ainsi dire associé au saint et œcuménique concile du Vatican. Car il y est présent par sa doctrine, cet arsenal où sont déposées les armes contre les erreurs contemporaines, et par son esprit de douceur et de charité, et par les règles des mœurs, qui sont d'une telle sagesse que l'on compte par centaines les livres dans lesquels des écrivains même de grand renom ont entrepris de les accommoder à tous états et à toutes conditions. »

Avant de déposer ce beau postulatum aux pieds du Souverain-Pontife, il était juste de le faire appuyer par les membres du concile. Grâce aux démarches du pieux prélat et de Mgr l'évêque d'Hébron, il fut bientôt couvert de signatures. Les évêques de France, d'Italie, d'Allemagne, d'Angleterre, des États-Unis, les vicaires apostoliques de tous les pays s'empressèrent d'unir leur demande à celles des évêques de Savoie et de Suisse ; l'épiscopat d'Espagne, dont le dévouement aux prérogatives du Saint-Siége brillait alors d'un si vif éclat, sembla même surpasser en empressement celui des autres pays catholiques ; lui pour lequel, cependant, saint François de Sales aurait pu paraître un étranger.

Donnons les chiffres. Ils sont plus éloquents que tout autre langage.

Mgr d'Annecy présenta à notre Saint-Père le Pape son postulatum signé par 30 cardinaux, 7 patriarches, 74 archevêques, 326 évêques et 15 abbés ou généraux d'ordres religieux. C'était l'unanimité morale du concile. Quel accueil reçût-il du pontife romain ? On le devine aisément quand on sait la tendre dévotion qu'a toujours professée Pie IX envers l'évêque de Genève. Un jour qu'on lui parlait de la doctrine du saint : « Ah ! répondait-il, si jamais il est mis au rang des docteurs, il faudra l'appeler le docteur infaillible ! » Et tout récemment encore, le 17 septembre 1876, quand Mgr Magnin lui présentait les pèlerins de la Savoie, et sollicitait en leur nom la conclusion de sa grande affaire ; le bien-aimé pontife s'écria avec un gracieux sourire : Saint François ! votre saint et le mien !

San Francesco ! il vostro santo e il mio !

Mais, résistant à ses propres désirs, le Souverain-Pontife ne voulut pas poser sur la tête du saint l'auréole des docteurs avant que la procédure ordinaire eût mis ses droits hors de contestation. Il fit donc remettre au secrétariat du Concile, la pétition des évêques, en attendant le jour où les Pères assemblés pourraient porter leur jugement. Il était permis d'espérer une prompte solution. Mais la révolution était là pour tout arrêter dans le monde chrétien. Notre saint subit lui aussi les conséquences de l'envahissement de Rome ; car dans l'empressement à mettre en lieu sûr les actes du concile du Vatican, la pétition, revêtue d'un nombre si imposant de signatures, s'égara. Quatre ans s'écoulèrent, et la cause ne marchait pas. Mais le pieux évêque d'Annecy ne consentit pas à la laisser oublier. Le 21 août 1874, il envoyait une circulaire à tous les évêques du monde, les invitant à renouveler leurs instances. Cette démarche n'obtint pas moins de succès que la première. Les adhésions arrivèrent aussi nombreuses qu'au temps du Concile.

Beaucoup d'évêques même ne se contentèrent pas d'une simple signature ; ils déposèrent aux pieds du pontife suprême leur supplique personnelle, exposant les motifs pour lesquels ils sollicitaient en faveur du saint les honneurs que la liturgie attribue aux docteurs. Les *actes* du doctorat rapportent vingt-deux *postulata ;* mais un plus grand nombre avait été présenté à la Congrégation des Rites. Il serait intéressant de parcourir ces pièces, pour montrer de quels sentiments est animé l'épiscopat catholique envers celui qu'il regarde comme l'une de ses plus pures lumières. Cette analyse serait le plus bel éloge de l'éminence de sa doctrine. Obligé de nous borner, contentons-nous de citer une belle page de l'un de nos plus illustres évêques. C'est le successeur de saint Hilaire qui s'exprime ainsi :

« Pour moi, très-saint Père, je fais acte de justice comme de vertu en le déclarant : parmi les préjugés d'école qui avaient cours encore dans la première moitié de ce siècle, notamment en ce qui est de la constitution monarchique de l'Église et du magistère suprême de son Chef, c'est l'étude familière des œuvres de saint François de Sales qui a écarté de moi les ténèbres de plus d'une erreur, qui a éclairé dans mon esprit plus d'une obscurité, résolu plus d'un doute ; et si j'ai pu avancer tant soit peu dans le mystère de la grâce et dans le sanctuaire secret des Écritures, je l'ai appris principalement à l'école de ce grand maître. Combien d'autres que moi ne sont-ils pas dans le cas de rendre le même témoignage ! »

Aux instances de l'épiscopat s'ajoutèrent celles des fidèles de toute condition ; et ces demandes, venues de toutes les parties du monde, pesaient bien aussi dans la balance ; car, s'il n'appartient pas aux simples fidèles de juger les détails de la doctrine, pourrait-on leur refuser cet instinct chrétien qui fait reconnaître les maîtres véritables de la foi, apprécier la sublimité de leurs enseignements et sentir les fruits de vertu que produit dans les cœurs la lecture de leurs ouvrages ? Ce sentiment populaire est comme un courant impétueux auquel rien ne résiste, et dont le cours est réglé par l'esprit même de Dieu.

A la suite de ces suppliques, on reprit sérieusement les tra-

vaux qui devaient aboutir à un si heureux résultat. Un postulateur fut nommé, M. l'abbé Abre, aumônier de la Visitation d'Annecy ; mais après avoir porté à la Congrégation des Rites les
pièces du procès, il dut renoncer à continuer lui-même les pour-
suites, retenu qu'il était en Savoie par les fonctions de sa charge.
Il se substitua le R. P. Fantoni, l'un des rédacteurs de la *Ci-
viltà cattolica*. La Compagnie de Jésus, unie toujours à saint
François de Sales par de si doux liens, fut heureuse de payer
une fois encore sa dette à une vieille amitié. Comment le
vice-postulateur a-t-il rempli sa mission? Laissons la Mère supérieure de la Visitation d'Annecy rendre un témoignage qui pa-
raîtrait suspect sous notre plume : « Nommer à Votre Charité,
ma très-honorée Sœur, le R. P. Fantoni, c'est parler du zèle le
plus infatigable, de la prudente sagesse, de la constante sollicitude ; c'est rappeler des démarches continuelles, des soins
multipliés, c'est dire, en un mot, le dévouement qui se sacrifie
et l'humilité qui s'ignore... Un nouvel anneau plus fort que tous
les précédents vient donc s'ajouter à l'indissoluble chaîne de
reconnaissance qui unit pour jamais, dans le cœur du divin
Maître, notre humble Visitation à la sainte Compagnie de
Jésus[1]. »

Un avocat fut choisi pour défendre la cause; ce fut M. Alibrandi, connu déjà pour l'habileté avec laquelle il avait soutenu
le doctorat de saint Alphonse de Liguori. Les actes imprimés à
Rome contiennent l'éloquent exposé qu'il a fait des titres de
saint François de Sales à ces nouveaux honneurs, et la réponse
encore plus remarquable aux objections du promoteur de la foi,
Mgr Salvati.

Pendant qu'à Rome on travaillait ainsi, le clergé d'Annecy
ne restait pas oisif. Là, attenant presque à la maison de la *Galerie*, est un établissement de zélés apôtres qui se glorifient du
titre de missionnaires de Saint-François de Sales. Au sein de
ce pieux asile fleurissent les vertus qu'a tant aimées leur saint
patron, dévoûment sans borne pour le salut des âmes, douce et fra-
ternelle cordialité. Disciples du glorieux évêque, ces bons prêtres
connaissent à fond ses œuvres, objet de leur étude journalière.

---

[1] Circulaire de la supérieure d'Annecy, du 1er août 1877.

Aussi, quand se traitait la grande affaire, n'épargnaient-ils aucune peine pour recueillir dans les écrits du saint ce qui pouvait faire ressortir l'excellence de sa science, répondre aux difficultés soulevées par le promoteur de la foi, et venir ainsi en aide au postulateur de la cause et à l'avocat consistorial. Nous croyons donc qu'à eux aussi est due la reconnaissance des fidèles auxquels apportent tant de consolations les nouveaux honneurs rendus au saint évêque.

Mais quelles objections pouvait-on opposer à la proclamation de saint François de Sales comme docteur de l'Église ? En parcourant les remarques du promoteur de la foi, ces objections paraissent bien faibles ; pourtant les lois de l'Église exigeaient une discussion approfondie ; et si l'on n'avait pas de difficultés sérieuses, il fallait dissiper les quelques nuages qui semblaient obscurcir la gloire du nouveau docteur. On objectait d'abord la langue dans laquelle le saint avait composé ses ouvrages. Aucun des saints que la liturgie honore du titre de docteur qui n'ait employé le latin ou le grec, c'est-à-dire les langues ecclésiastiques. Était-il convenable d'introduire en leur compagnie celui qui, parlant la langue de son pays, ne pouvait être regardé comme un maître donné à l'Église universelle ? La nécessité qui obligea le saint évêque d'user de la langue vulgaire, la traduction de ses ouvrages en toutes les langues des pays catholiques étaient une réponse suffisante à cette première objection.

Puis, on renouvelait contre le docteur du divin amour l'accusation de quiétisme, l'abus que Fénelon, dans ses *Maximes des saints*, avait fait de son autorité, les réponses un peu âpres de Bossuet et l'espèce de discrédit qu'il avait jeté en passant sur la science du saint évêque de Genève[1]. Ici encore la réponse était facile. Saint François de Sales, suspect de quiétisme ! lui, qui dans son *Traité de l'amour de Dieu* a expliqué avec tant d'exactitude la nature de l'amour d'espérance, qui l'a justifié d'une

---

[1] Un article du P. Clair, publié dans les *Études* (avril 1865), explique comment sur la foi d'une mauvaise édition des *Entretiens spirituels*, Fénelon avait attribué son erreur à saint François de Sales ; et comment Bossuet, suivant l'édition publiée par les soins de sainte Françoise de Chantal, put accuser de falsification l'archevêque de Cambray sans se rendre coupable de calomnie.

manière si victorieuse contre les erreurs du baïanisme, prêtes à renaître sous la plume de Jansénius !

Nous passons d'autres difficultés de détail pour arriver à celle qui, plus que toute autre, semblait empêcher une solution désirée de tous, même des juges, malgré la sévérité que leur imposait le devoir de leur charge. Cette difficulté, la voici : personne ne conteste le mérite des œuvres de saint François de Sales ; et qui l'oserait après tous les éloges que leur a prodigués la sainte Église romaine ? Mais ces œuvres sont-elles à la hauteur des écrits des anciens Pères ? Ont-elles assez d'importance pour motiver la concession des honneurs exceptionnels du doctorat ? De plus, depuis le commencement du siècle, le Siége apostolique a multiplié le nombre des docteurs. L'accroître encore, n'est-ce pas avilir un titre jadis si glorieux ? N'est-ce pas, comme le disaient les Italiens en leur langage pittoresque, ouvrir l'ère des *dottorini*, et après avoir commencé par les grands docteurs, finir par les petits ? Au fond, tout l'obstacle était là.

En présence de cette objection, qu'avaient à faire les défenseurs de la cause, sinon insister sur les preuves exposées dans le rapport sommaire, et conclure que le saint évêque de Genève, se présentant avec un tel ensemble d'ouvrages, ne serait pas déplacé dans l'auguste sénat des docteurs ? Ce qui acheva de gagner le procès, ce fut d'abord le suffrage favorable de l'éminent théologien chargé de réviser les pièces de la procédure. Ce fut surtout l'éloquent résumé de la cause, fait par le cardinal *Ponent*, l'éminentissime Bilio, alors préfet de la Congrégation des Rites. En se chargeant du patronage qui lui était offert, le savant prélat, il faut bien le dire, ne semblait pas partager le filial empressement de la Visitation et du clergé d'Annecy. Plus d'une fois même son extrême réserve inspira des craintes aux postulateurs. Ils se rassuraient pourtant, connaissant la haute intelligence de l'éminent prélat, sa piété et son équité. Le jour du débat solennel montra que ces espérances n'étaient pas vaines ; car celui en qui l'on redoutait presque un adversaire, se montra le défenseur le plus dévoué et le plus habile de la cause. Il l'avait étudiée à fond ; il en avait compris la beauté ; aussi l'exposa-t-il avec tant de talent que sa parole

« visiblement inspirée par le Saint-Esprit, est-il dit dans la circulaire d'Annecy, a triomphé de toutes les oppositions et conquis tous les suffrages. »

Ce fut le 7 juillet de la présente année, 1877, qu'eurent lieu ces intéressants débats. Après l'exposé de l'éminentissime cardinal Bilio, les objections furent formulées ; la discussion fut vive, savante. « Ce n'est pas par surprise ni par faveur que votre grand saint reçoit l'auréole du doctorat, » écrivait-on de Rome aux religieuses de la Visitation d'Annecy ; et l'on ajoutait : « Sa cause est une des plus belles et des plus glorieuses qui se puissent traiter. » Ainsi en jugèrent les cardinaux, membres du saint tribunal ; car, convoqués d'abord pour une simple séance préparatoire, ils la changèrent en une réunion définitive : on alla aux voix, et il fut déclaré à l'unanimité que saint François de Sales méritait le titre de docteur, et qu'il fallait, au nom de la Congrégation, supplier le Pontife romain de lui accorder les honneurs du culte qui y sont attachés. Le résultat du vote ne tarda pas à recevoir l'approbation suprême de notre Saint-Père le Pape. Or, par une délicatesse de la Providence, le jugement du pasteur infaillible fut rendu le 19 juillet, fête de saint Vincent de Paul, l'ami de saint François de Sales, celui auquel le saint fondateur recommandait sa chère famille de la Visitation.

Après la conclusion du procès, le cardinal Bilio daignait écrire aux religieuses de la Visitation d'Annecy : « Je puis vous assurer que je partage toute votre joie ; je remercie avec vous le Seigneur de l'heureuse issue du procès. » On raconte même que notre Saint-Père le Pape, en donnant à ce jugement sa sanction souveraine, répétait plein d'allégresse la parole que prononça son prédécesseur Clément VIII, quand saint François de Sales eut subi avec tant de distinction l'examen préalable à l'épiscopat : « Nous n'avons jamais eu autant de satisfaction d'aucun autre que nous ayons examiné jusqu'ici. »

Cette joie du Pontife romain, nous la partagerons tous, nous qui connaissons et aimons saint François de Sales. Puisse-t-il briller comme un astre de salut au milieu des ténèbres qui, de nos jours, obscurcissent la vérité céleste. La nuit s'est épaissie depuis les premières années du XVIIe siècle. Notre génération est aux prises avec les erreurs du rationalisme, du matérialisme, de l'athéisme, de toutes ces odieuses doctrines sorties du puits de l'abîme. Nous voyons même, jusqu'au sein du catholicisme, les restes des faussetés dont le résultat a été d'affaiblir le respect dû au siége romain, et aux droits de l'Église. Mais une grande lumière s'est levée sur nous. A sa splendeur, les ténèbres se dissiperont pleinement ; la vérité recouvrera tous ses droits, et unis dans une même obéissance, nous bénirons le Dieu qui donne de tels docteurs à son Église !

FIN

ERRATA

Page 13, note ligne 3, au lieu de *applique*, lisez : *appliqua*.
 — 24, ligne 24, au lieu de *manifestée*, lisez : *manifeste*.
 — 32, — 27, — *Fabre*, lisez : *Favre*.
 — 52, — 12, — *honneur*, lisez : *hommes*.
 — 53, dernière ligne, au lieu de *un*, lisez : *son*.
 — 55, ligne 5 avant la fin, au lieu de *confient*, lisez : *confèrent*.

www.ingramcontent.com/pod-product-compliance
Ingram Content Group UK Ltd.
Pitfield, Milton Keynes, MK11 3LW, UK
UKHW020010100726
13658UKWH00002B/889

9 782329 020372